歴史文化ライブラリー

108

古代の道路事情

木本雅康

吉川弘文館

原則として、初版で掲載した口絵は割愛しております。

目次

世界の古代道路と本書の視角——プロローグ

1 世界の古代道路と本書の視角

ローマ道

すべての道はローマに通ず

洋の東西を問わず、強力な中央集権体制をとった古代国家は、中央と地方との連絡を緊密にするため、道路網の整備に力を注いだ。その最も典型的なものは「すべての道はローマに通ず」といわれたローマ道である。

ローマは、紀元前三世紀にイタリア半島を統一し、紀元前一世紀には、中央ヨーロッパから北アフリカまで、西は大西洋岸から、東は小アジアにいたる大帝国を形成した。その広大な領域を支配するためには、中央と地方とを緊密に連絡し、有事の際には、大軍を急速に移動することを可能にする道路網を整備する必要がある。ローマの領土が最も大きくなったのは、二世紀のトラヤヌス帝（在位九八〜一一七）のときといわれるが、当時のローマの面積は、約七二〇万平方キロで、現代のアメリカ合衆国が約九三七万平方キロであるから、合衆国よりやや小さいといった程度である。そのなかを走るローマ道の総延長は、約二九万キロで、これは合衆国の誇るインターステート・ハイウェイの三倍以上の距離になり、実に地球を七回と四分の一ほどまわる長さに相当する。一般的にローマの建築では、都市や水道が有名であるが、ローマ帝国最大の構築物とは、道路だったということがいえるであろう。

しかも、そのローマ道は、単に粗雑に造られたのではなく、フランスの地理学者ヴィダル・ドゥ・ラ・ブラーシュが「ローマ道は技師と測図師との作品である」（ブラーシュ著・飯塚浩二訳『人文地理学原理』下巻、岩波書店、一九四〇年）とのべているように、測量結果に従って土木工事を施し、きわめて計画的に建設されているところに特徴がある。それでは、以下にローマ道の形態的特徴を見ていくことにしよう。

ローマ道の形態的特徴

ヘルマン・シュライバーは、名著『道の文化史』のなかで「ギリシャ人ができるだけ自然の傾斜と風景に合わせて道を造ろうとしたのにたいして、ローマ人は直線の原則のため常に自然と戦った」とのべている（シュライバー著・関楠生訳『道の文化史』岩波書店、一九六二年）。すなわち、ローマ道の場合、測量師が二地点間の最短距離となる直線の路線を設定すると、土木技師は土地をならし、谷に橋をかけ、山に穴をあけるやり方で道をつけ、「坂や窪地は、避けることができてもきらい、道をできるだけ水平に、まっすぐ通そうというだけの目的で、しばしば盛土をしたり擁壁を造ったりした」という。

図1は、木下良氏の作図による、イタリアのアルバーノ山地を越えるアッピア街道の状況である。アッピア街道は、ローマ道のなかでも最も早く紀元前三一二年に、アッピウス・クラウディウス・カエクスによって計画され、ローマからカンパニアのカプアまで開通した軍用道路である。とくにローマ南郊外のアッピア街道は観光の対象としてもよく知られているが、この図に示した所は、ローマから約二〇キロほど南東に行ったアルバーノ山地の山中である。この地形図の左上隅から右下隅にかけて、一直線に通っている実線がアッピア街道である。スクリーントーンがはってある所は、火山がつくった火口湖で、この

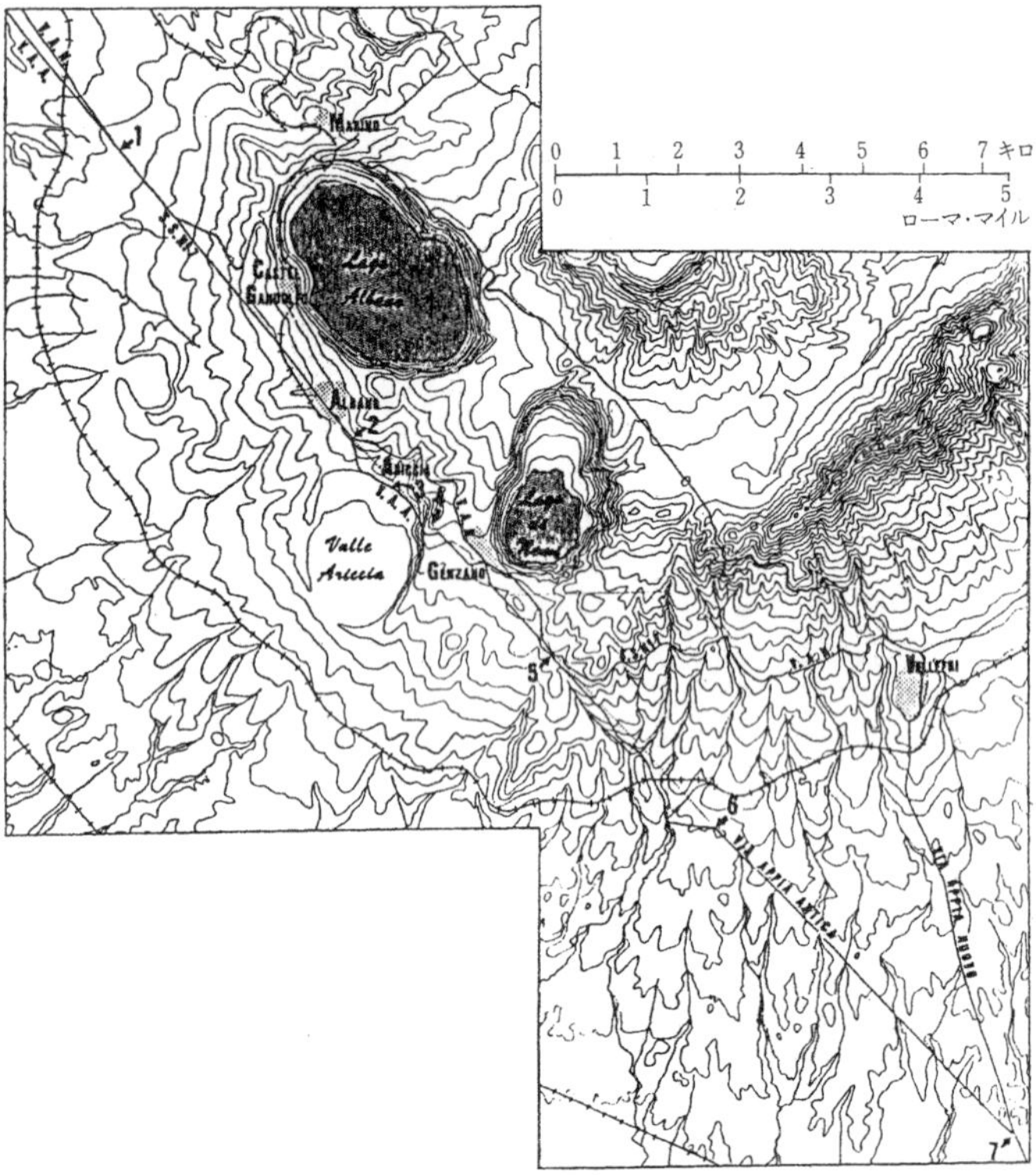

図1　アルバーノ山地を越えるアッピア街道

(木下良「日本古代駅路とローマ道との比較研究―序説―」『歴史地理学』第124号，４頁より)

ことからもうかがえるように、ここは傾斜地であるが、アッピア街道は、谷部には盛土をして、尾根部は切り通し、山腹をまっすぐに通っている。

　このようにローマ道が直線的に造られた理由としては、目的地と目的地を最短距離で結び、また直線であればスピードが出せるということにあると思われる。さらに、できるだけ水平に道路が造られている点については、車の使用を考えているようである。

ローマ道の構造と道幅

　それではつぎに、道路の構造と道幅についてのべよう。まず構造についてであるが、当然幹線と支線とでは異なり、幹線が舗装されることが多かったのに対し、支線は主として砂利道であった。重要度の高い幹線道では、底に三〇センチほどの切石をモルタルで接合した基礎を造り、中層にモルタルを目地《めじ》にした砂利、表面にまた敷石を敷きつめるか、または石灰モルタルを用いた一種のコンクリートで舗装したりして、その厚さも一メートルにおよぶものであった。これは、もちろん戦車をはじめとして車両を通すために造られた、きわめて堅固なものであった。

　つぎに道幅であるが、二・七〜三・四メートルというのが一般的であった。ローマ人は、道のことをウィアといったが、この言葉は本来二台の車が通行できる車道を意味している。主要幹線道であるアッピア街道の場合は、幅三メートルの車道の外側に幅一〜一・五メートルの歩道があるが、さらにその外側に、側溝まで七〜七・五メートル程度の余地が存在した。この部分は樹木がすっかり伐採されており、耕作することも建物を建てることも許されなかったという。この余地の意味について、森のなかにひそんでいる伏兵が、投槍《なげやり》を投げてもとどかないようにしているという説がある。実際にはとどいてしまうような気がするが、たしかに見通しをよくして、伏兵に備えているのかもしれない。また、ここには草が繁茂して、軍隊に随伴する家畜群の飼料となるという解釈もある。

ローマ道についてはこのくらいにし、今度は東洋へ行って、中国の古代道、さらに南アメリカに渡ってインカ道についてみていきたい。

中国の古代道とインカ道

中国の古代道

ちょうどローマがイタリア半島を統一したのと同じころにあたる紀元前三世紀に、秦の始皇帝が中国を統一した。そして、始皇帝が地方巡察道として造らせたのが「馳道《ちどう》」で、都の咸陽《かんよう》から四方に放射状にのびている。道幅は、約七〇メートルあったといい、とくに中央七メートルほどは一段高くしてあって、そこは皇帝の専用道路だった。この部分だけでも馬車が三台並んで通ることが可能で、また幅七〇メートルの道の両側には、約七メートル間隔で松が植えられ、並木の役割を果たしていた。これだけ壮大な道路であるが、残念ながら現在のところ、その遺跡についてはまったくわかっていない。

　ところで、秦にはこのほかにも「直道《ちょくどう》」と呼ばれる古代道路が存在した。これは、匈奴《きようど》の侵攻に備えるため、首都咸陽の北方五〇キロあまりに位置して、始皇帝が軍事上の総指揮をとる司令部を置いていた雲陽《うんよう》から、前線基地の九原《きゅうげん》（現在の内モンゴル包頭付近）にいたる延長一八〇〇里（約七五〇キロ）にわたる軍用道路で、始皇帝が将軍蒙恬《もうてん》に命じて造らせたものである。直道については、有名な司馬遷《しばせん》の『史記』にも「山を塹《ほ》り谷を堙《うず》め、直《ただ》ちに之を通ず」と見え、ローマ道とよく似たその形状がうかがえる。その遺跡については、陝西《せんせい》省と甘粛《かんしゅく》省界の子午嶺《しごれい》と呼ばれる山脈の稜線伝いに、南北に通る幅三〇～五〇メートルのものがいくつも確認されている。また昭和六三年（一九八八）には、陝西省北部のオルドス地帯の毛烏素《もうす》砂漠中に、黒壚《こくろ》土や白亜土で舗装された道幅一六〇メートルの遺跡が発見された。これだけの道幅があれば、人工衛星の画像に引っかかってくることが予想されていたが、アメリカ合衆国が、人工衛星画像によって作製した航空用一〇〇万分の一地図（ONCG―9）には、子午嶺を通る直道の遺跡が、現在道と誤って表示されている。

　さて、秦はまもなく滅んだが、その道路系は漢に継承され、やがては隋・唐におよんだ。

唐の道路の実態は不明であるが、隋の煬帝《ようだい》は、御道《ぎょどう》と呼ぶ幅一〇〇歩（約一五〇メートル）の大道を敷設している。しかし、その遺跡についても、まだ確認されていない。

以上のように、中国においても壮大な古代道が存在したわけであるが、その実態解明についてては、今後の研究にまつところが多いようである。

インカ道

インカ帝国は、南部ペルーのクスコ盆地に定住した一部族が、一五世紀のはじめに急に征服をはじめ、領土の拡大をおこなってできた国家である。すでにヨーロッパは、近代はじめのルネサンス期に入っているが、インカの文化的特徴は、古代帝国といった方がよいように思われる。その領域は、現在のペルーを中心とする太平洋側の地域であるが、山岳部・高原・砂漠をインカの道が走っている。首都クスコから東西南北四つの地方に道路がのび、幹線道としては海岸道と山岳道が存在した。そして、タンボと呼ばれる宿駅が整備されていた。ちなみに、現在のペルーの道路網の五分の一は、インカの古道を修理したものか、もしくは当時の道をそのまま利用しているといわれる。

シエサ・デ・レオンの手記

ところで、このインカ帝国は、一六世紀にスペインによって征服されることになるが、そのとき侵入してきた兵士の一人であるシエサ・デ・レオンは、次のような手記を残している。少し長いが、引用してみよう

（増田義郎「古代帝国と道路網」『季刊民族学』九、一九七九年所収）。

人間の歴史がはじまってこのかた、この道ほど壮大なものはついぞ聞いたことがない。それは、深い谷、高い山、雪をいただいた峰、沼地、岩盤をつらぬいて走り、激流に沿って進む。そのような場所を平らにし、石を敷きつめ、山の斜面を大きくけずり、山をこわし、岩をくりぬき、川に沿って絶壁を掘り通し、雪をいただいた峰みねのあいだには階段と踊り場をつくって前進しているのである。そして道全体がきれいにはききよめられ、宿場、宝の庫、太陽神殿、駅舎などが、道にそってずらりと並んでいる。ああ、アレクサンドロス大王にせよ、世界を支配した他の権力ある王たちにせよ、そのだれがあのような道を作らせたであろうか。また、あの道に設けられたような補給の設備を考えだしただろうか。私の読んだかぎりでは、スペインやその他の地方に通じているローマ人の石だたみの道も、あの道とくらべれば問題にならない。しかもそれが、ほとんど想像もできないくらいの短期間のうちに作られてしまったのである。すなわち、インカ皇帝たちが、命令したと思ったら、臣下たちはもう作りあげてしまったのだ。

ここで、レオンは、インカの道の規模の大きさや、整備が行きとどいていることに驚き、人類史上このような道が造られたことはなく、ローマ道でさえ比較にならない、とのべている。しかし、いくらインカ道が壮大だったといっても、ローマ道と比較すれば、幹線道の総延長において、インカ道はローマ道の一〇分の一にすぎないものであった。したがって、当時のスペイン人には、ローマ道の全体像がよく認識されていなかったことがうかがえる。ローマ帝国が滅亡すると、ローマ道は急速にその機能を失い、中世のヨーロッパは、古代よりかえって道路事情が悪くなり、旅行者の移動のスピードも落ちている。この状況は、ルネサンス期に入ってもあまり変わらなかったようである。

インカ道の形態

さて、インカ道の路線形態であるが、目的地間を最短距離で結ぶため、やはり直線的に造られていた。また道路の構造は、突き固めた路面幅八メートルに、側溝や側壁をふくむ全体の道幅約一五メートルのものを典型に、路面幅六〜七・五メートルの道路、路面幅二メートルの石敷の路面の外側に、それぞれ一メートル幅の水路をともなうものなどが認められている。アドベ（日干し煉瓦）、または石で高さ一メートル弱の路側帯をもち、その外側に側溝、さらに耕作地をともない、全体の幅が一〇〇メートルを超える場合もあった（梅原隆治「ペルーにおけるインカ道の諸形態」『歴史地理学』一四一、一九八八年）。

このようにインカ道も、ローマ道や中国の古代道とよく似ているが、一つ相違点としてあげられるのは、インカの道には階段があったことである。アンデスには馬はいなかったし、インカは車というものを知らなかった。人々は徒歩で往来し、高貴な者は輿《こし》に乗っていた。そして、至急の知らせがあった場合は、チャスキとよばれる飛脚が疾走したのである。スペインが簡単にインカ帝国を征服することができたのも、よく整備された道路を馬で駆けぬけたためで、このことは歴史の皮肉といえるだろう。

以上、世界の著名な古代道路についてみてきたが、わが国の古代道路事情を究明するにあたり、本書の視角をのべておきたい。

学際と比較

歴史地理学とは

本書は、主として歴史地理学の立場から、古代の道路事情についてのべるものである。本論に入る前に、ここで、あまりなじみのないと思われる歴史地理学という分野について、ごく簡単に説明しておきたい。

歴史地理学とは、大雑把にいえば、歴史と地理の中間領域であるが、英語でこれをHistorical Geographyということからわかるように、厳密にいえば、地理学の一分野である。すなわち地理学は、原則として現代の空間に関する事象を対象とする。たとえば現代の地形・気候・都市・村落・人口・工業・宗教などがその研究対象となる。それに対して歴史地理学は、過去の地理、歴史時代の地理を取り扱う。ある時代の地形・気候・都市・村落等々について考察するのである。筆者の場合、時代は日本の古代、分野としては主として交通をその研究対象としている。

そこで、つぎに問題となるのは、歴史地理学と歴史学との関係である。現代の歴史学はさまざまな方法論を有している。かつての歴史学は、もっぱら文字として書かれたもの、すなわち古文書・古記録などをその資料としていた。しかし、現代においては、たとえば考古学が非常にさかんになっており、遺跡を発掘することによって、文献ではわからなかったことが、つぎつぎと明るみに出ている。また、柳田国男《やなぎたくにお》や折口信夫《おりくちしのぶ》によって創始された民俗学は、伝承や習俗などを対象とすることによって、文字に残されなかった常民の生活を明らかにしている。

このように、歴史学がさまざまな分野の統合体となった現代では、かつての文字として書かれたもののみを対象としていた旧歴史学を〈文献史学〉と呼ぶようになってきている。さて、歴史地理学についても、文献史学や考古学、民俗学などと同様に、広義の歴史学の一分野と考えることも可能である。もちろん、先にのべたように、歴史地理学は地理学の一分野であるから、地理学としての理論を追究しなければならないが、また同時に歴史学に寄与する面が多大であるという点において、広義の歴史学の傘下として括《くく》っておくことも可能であろう。

さて、文献史学が古文書や古記録などを、考古学が遺構や遺物を、民俗学が伝承や習俗などを、それぞれの資料とするのに対し、歴史地理学は何をその資料とするのであろうか。それは、やはり地理学であるから、地図であり、空中写真であり、地名などである。もっと広くとらえれば、景観といってよいであろう。

また、広義の歴史学を構成するさまざまな分野のなかで、歴史地理学と最も近い分野は考古学であろう。日本の戦後の歴史地理学界の牽引車的役割を果たした藤岡謙二郎氏はもともと考古学の出身であり、また、イギリスにおける、日本の古代の歴史地理学に最も類似した分野は、〈野外考古学〉Field Archaeology と呼ばれている。考古学と歴史地理学との違いは、原則として前者が地中に埋もれたものを、後者が地表面を、その研究対象とすることだといえるかもしれない。

たとえば、古代のある時期に溝が掘られたとしよう。それは、やがて長い年月の間に、その上に土が堆積して、地中に埋もれてしまう。しかし、地表面を注意深く観察すれば、それはわずかな窪地として、認知可能な場合があるかもしれない。あるいは、空中写真を利用すれば、土の色の違いによって、発掘をおこなわなくてもそこに溝が埋まっていることを想定できる場合がある。このように現地踏査や空中写真、あるいは地図によって、現代の景観に残る過去の痕跡を捜し出すのが歴史地理学である。それにたいし、実際にその地点を発掘することによって、地中に埋もれた遺構を検出するのが考古学である。このように考えると、歴史地理学と考古学とは、文字通り紙一重の関係にあるといってもよいかもしれない。

学際と比較

歴史地理学と臨接分野との関係については、おおよそ以上のように整理されるが、筆者の専攻は歴史地理学であるので、主としてこの分野から古代の道路についてアプローチしていきたい。しかし、現代の歴史学が総合学である以上、実際には、他の分野についても、ある程度、踏み込んでいくことになると思う。

ところで、平成四年（一九九二）に、国学院大学を事務局として、古代交通研究会が設立された。その発足の辞に「歴史学・考古学・地理学・国文学・民俗学・土木史学等による学際的共同研究を行い」（『古代交通研究』創刊号、一九九二年）とあるように、古代の交通を研究対象として、学際的研究をおこなうところに特色がある。現在、会員も五〇〇名を超え、この研究会自体がさまざまな学問分野の交通（交流）の場となっている。

このように、本書では、古代の道路について、〈学際〉的なアプローチをめざすが、もう一つのキーワードが〈比較〉である。日本の古代道路の特徴を明確化するためには、外国の古代道路と比較する視点が不可欠である。したがって、日本の古代道路についてのべる前に、まず外国の古代道路についてふれたわけである。

歴史地理学・考古学からみた古代駅路

歴史地理学による古代駅路の復原

古代の駅制

日本古代の律令国家は、全国を五畿七道《ごきしちどう》と呼ばれる地域に区分して支配した。五畿とは、山城・大和・河内・和泉・摂津の諸国で、これを畿内《きない》ともいい、現在でいえば首都圏にあたる。七道は、東海・東山・北陸・山陰・山陽・南海・西海の諸道で、これらは地域呼称であると同時に、都から放射状にのびる道路の名称でもある。ただし、現在の九州に相当する西海道については、「遠《とお》の朝廷《みかど》」と呼ばれた大宰府《だざいふ》を中心として、放射状に道が出ている。これらの道路には、三〇里（約一六キロ）ごとに駅家《うまや》が設置され、各駅には、大路《だいろ》である山陽道には二〇匹、中路《ちゅうろ》である東海・東山道には一〇匹、小路《しょうろ》であるその他の諸道には五匹ずつの駅馬《えきば》が置かれていた。緊急の際には、これら

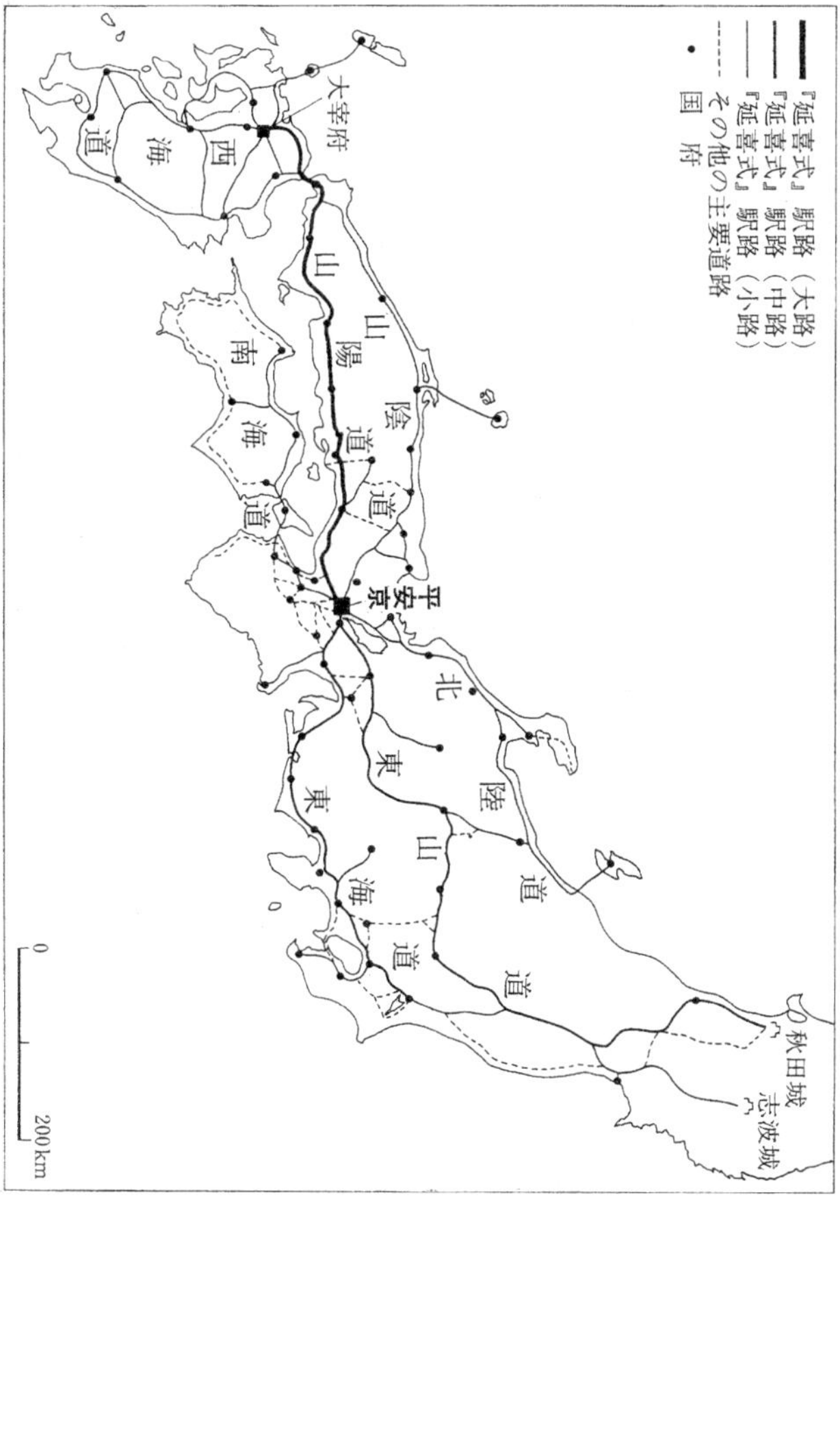

図2　日本の古代駅路概念図（木下良『道と駅』大巧社，1998年，34・35頁より）

の早馬を飛ばして、すばやく情報の伝達をおこなっていたとされる。

このように、日本の古代律令国家は駅制を整備していたが、その道路の実態については、ローマ道などとは異質の、踏分道《ふみわけみち》から発達した自然の通路を若干整備した程度の狭くて曲がりくねった小道とみなされ、その復原はまず不可能であろうと考えられていた。これは、江戸時代の街道でさえ道幅二間（約三・六メートル）程度の曲折の多い道であったから、一〇〇〇年以上も前の古代道路は、もっと貧弱なものであろうと想像されていたからである。しかし、先にインカ道に驚いたスペイン人の手記を紹介したが、中世ヨーロッパは、古代よりかえって道路事情が悪くなっていたわけであり、必ずしも道路が時代を追って発達するとはかぎらないのである。また、インカ帝国のように、ローマや中国とは直接関係をもたずに独自の文化を発達させた地域においても直線的な大道が造られたということは、これらは中央集権国家に共通する特徴であるといった方がよいと考えられる。まして日本の場合は、遣隋使や遣唐使を中国に派遣しているから、秦の道路網の影響を受けた隋や唐の道路を見ているはずなのである。

直線道路の検出

もっとも奈良平野においては、上《かみ》ツ道《みち》・中《なか》ツ道・下《しも》ツ道という三本の直線的な大道が、南北に等間隔で走り、またこれと直交する横大路《よこおおじ》と称する道路が存在することは、古くから知られていた。さらに足利健亮氏は、和泉国や近江国においても直線的な古代道路の痕跡が認められることを指摘した（「恭仁京の京極および和泉・近江の古道に関する若干の覚え書き」『社会科学論集』一、一九七〇年）。

以上のように、畿内とその周辺においては、直線的な大道が整備されていたことが知られていたが、このような道路が地方にも存在することが判明したのは、昭和四七年（一九七二）に、藤岡謙二郎氏を代表として二四名の歴史地理学研究者によっておこなわれた全国の古代交通路の調査がきっかけである（藤岡謙二郎編『古代日本の交通路』I〜IV、一九七八・七九年、大明堂）。たとえば、このなかで肥前・肥後両国を担当した木下良氏は、佐賀平野において、約一六キロにわたって、一直線に続く痕跡を空中写真によって認めた。それらは国府や国分寺・国分尼寺想定地の前面を通り、また現地踏査をおこなってみると、切通《きりどおし》や水路、現在道などになっていて、駅路の痕跡ではないかと思われた。そこでこの推測を確実にするため、木下氏は、フィールドを移して、山陽道の播磨国の調査をおこなった。すなわち、山陽道は外国の使節が通るので、奈良時代の半ばごろに、駅家《うまや》を瓦葺《かわらぶき》にしている。したがって、瓦の出土地を検討することによって、駅家の位置が比較的はっきりしていた。はたして木下氏が空中写真を検討すると、瓦の出土地を連ねるようにして、

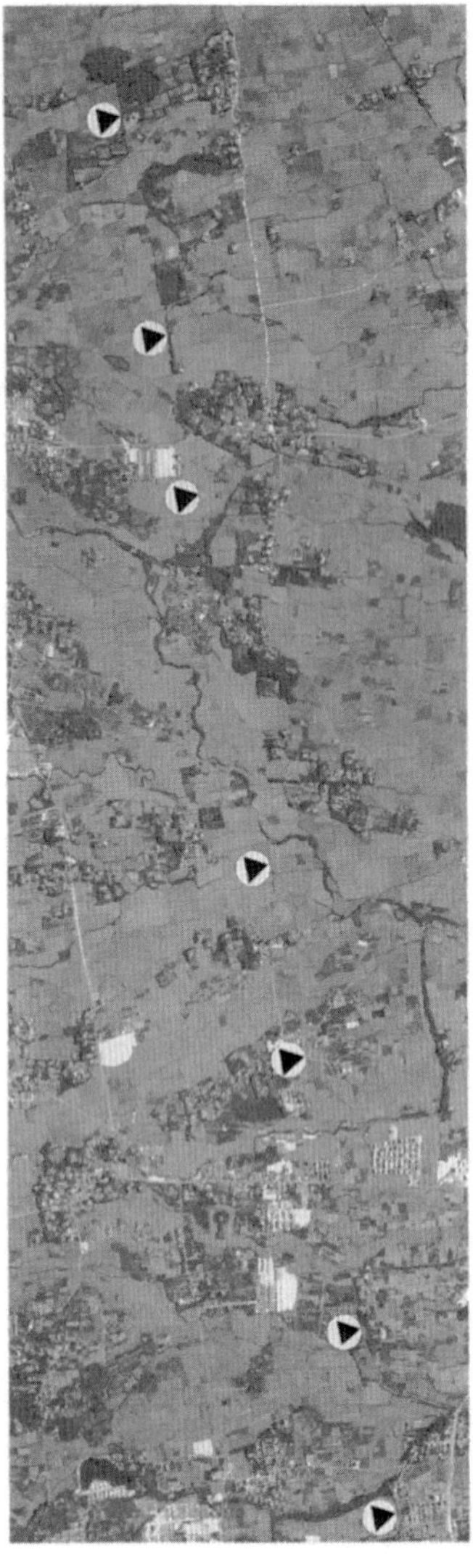

図3　空中写真に見る佐賀平野の古代駅路（国土地理院一九七〇年撮影　KU―70―3×　C3―7より）
上が東。マークの右に、きれぎれの痕跡が見える。

直線状の痕跡が見出された（「山陽道の駅路―播磨を中心に―」『古代を考える』一七、一九七八年）。ここにいたって、これらの空中写真に認められる直線的な痕跡が、古代の駅路であることが確実になり、日本の古代駅路も、地方にいたるまで直線的に造られていることが主張されるようになったのである。

このほかにも、先の昭和四七年の調査では、尾張・参河・遠江・駿河・相模・上野・下野・備前・備中・備後・周防・讃岐・伊予・豊前などの諸国で、直線的な駅路の存在が指摘された。また、その後も歴史地理学の研究者によって、全国的な駅路の復原が進められているが、なにぶん研究者の数が少ないこともあって、まだまったく手つかずの地域も残っているのが現状である。

考古学による古代駅路の発掘

駅路の幅員

これにたいし考古学によって、実際に古代の駅路が発掘されるようになったのは、大阪府高槻市内の山陽道の例などをのぞけば比較的新しく、ここ十数年来のことであるが、とくに近年は発掘データが飛躍的に増大している。その成果によると、まず道幅については、奈良時代が九メートルや一二メートル程度のものが多く、平安時代に入ると六メートル程度に狭まる場合があることがわかった。これは一般的にローマ道よりは広く、中国の古代道よりは狭いことになる。道幅が平安時代に入ると狭まることの意味については後述するが、いずれにせよ六・九・一二など三の倍数を示すものが多く、三メートルはほぼ一丈にあたるので、古代駅路は丈単位で設定されたとみられている（木下良

「日本古代道の道幅と構造—発掘の成果から—」『交通史研究』二四、一九九〇年）。

道路の構造

道路の構造については、両側に側溝を備えており、低湿地では一部砂利を敷いた例もあるが、普通は路面を踏み固めた程度のもので、この点は堅固な舗装がほどこされたローマ道とは異なる。ただし、硬化《こうか》面の下面に波板《なみいた》状凹凸を示すことがあり、その理由と性格について、硬化面構築の工法とみる見解（飯田充晴「埼玉県所沢市東の上遺跡」『日本考古学年報』四二、一九九一年）と、重量物運搬のためのコロないし丸太の配列の結果とする見解（早川泉「古代道路遺構に残された圧痕」『東京考古』九、一九九一年）がある。すなわち、前者によれば、波板状凹凸は、意図的に造られたものとなり、後者によれば、結果的にできたものとなるが、全国的な事例を検討した近江俊秀氏は、両方の例が混在しているとする（「道路遺構の構造—波板状凹凸面を中心として—」『古代文化』四七—四、一九九五年）。なお最近、板橋正幸氏は、下野《しもつけ》国那須官衙《かんが》関連遺跡で検出された波板状凹凸面について、砂質土により人為的に埋めもどされていることや、波板状凹凸の壁面および底面に工具痕が明瞭に残っていることから、排水のための基礎事業とする見解を打ち出している（「下野国那須郡衙発見の道路遺構」『古代交通研究』八、一九九八年）。

以上のように、波板状凹凸面一つをとってもさまざまな見解があるが、考古学における道路研究は、まだはじまったばかりの新しいテーマであり、今後の進展が期待される。

　また、当初は、歴史地理学による想定路線を考古学が調査して検証する場合が多かったが、最近では、発掘によってまず道路が見つかり、それを歴史地理学がどう位置づけるかを求められる場合も増えてきた。このように、歴史地理学と考古学との間で、キャッチボールを繰り返しながら、両者の距離を縮めていくことが大切であろう。

古代の地域計画と道路

都城と道路

基準線としての道路

前章においては、日本の古代道路が、ローマ道や中国の古代道、インカ道などと同様に、きわめて直線的に造られていたことについてのべてきた。このことは、目的地まで最短距離をとる、すなわちスピードという観点からまず説明されるであろうが、別の視点を取れば、道路が律令国家の地域計画の基準線としても機能していたことによるともいえる（木下良「古代的地域計画の基準線としての道路」『交通史研究』一四、一九八五年）。つまり、七世紀後半代から八世紀にかけての時期は、都《と》城《じょう》・国府《こくふ》・郡家《ぐうけ》・寺院・条里《じょうり》などの大建設時代であり、その際の基準線としての役割を、道路が果たす場合があったということである。また、それらを見ていくことによって、反対に道路の復原方法を知ることにもなるはずである。

藤原京と道路

律令国家にとってのはじめての本格的な都城である藤原京は、持統天皇八年（六九四）に成立した。一方、奈良平野には、先述したように等間隔に平行して南北に通る上《かみ》ツ道《みち》・中《なか》ツ道・下《しも》ツ道の三本の直線道と、これに直交して東西に走る横大路が存在した。これらの正方位道路の創設時期について、明確な資料は存在しないが、横大路の整備は、『日本書紀』推古天皇二一年（六一三）の「難波より京に至る大道を置く」の記事に関係するとみるのが一般的で、上・中・下の三道も、推古朝に設置された可能性があるとされている（岸俊男『日本古代宮都の研究』岩波書店、一九八八年）。また、最近中村太一氏は、下ツ道について、これと関連する可能性が高い軽《かるのちまた》衢が、『日本書紀』推古天皇二〇年条に見えるので、それ以前に創設されたとしている（『日本古代国家と計画道路』吉川弘文館、一九九六年）。一方、木下良氏は、推古天皇二一年の大道は斜向道路で、正方位道路が開通したのは、斉明朝から天智朝ごろではないかとしている（「古代の交通制度と道路」森浩一・門脇禎二編『旅の古代史　道・橋・関をめぐって』大巧社、一九九九年）。いずれにせよ、これら正方位道路が、藤原京の創設よりはるかに先行して造られていることは、『日本書紀』の壬申の乱（六七二年）関係の記事に「上中下の道」が見

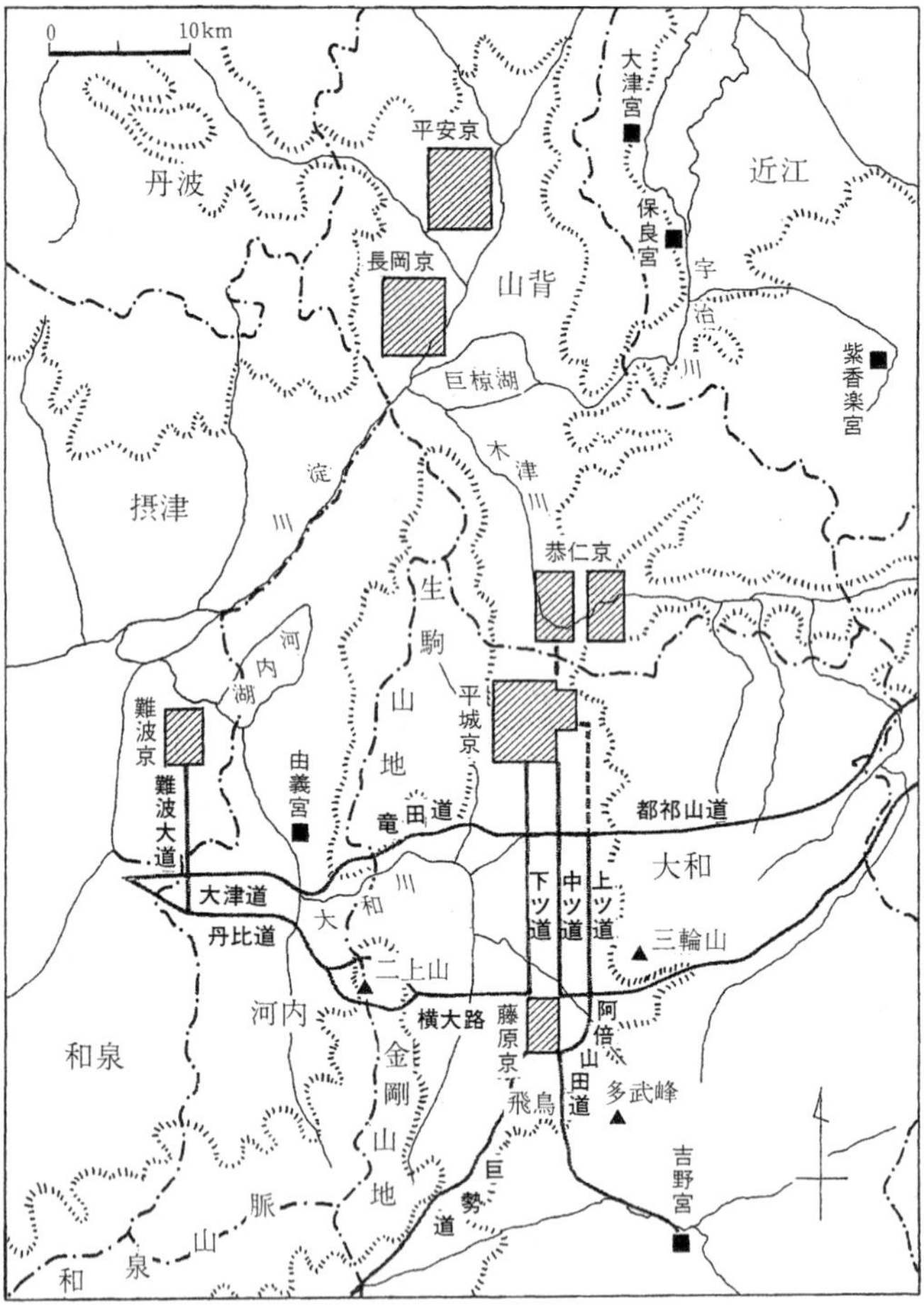

図４　古代の都城と計画道路

（木下良『道と駅』大巧社，1998年，22頁より．原図は岸俊男『日本の古代　9　都城の生態』中央公論社，1987年，27頁）

えることからも間違いない。

ところで、岸俊男氏は、藤原京の京域設定において、右に見た正方位道路が、その基準線になっているのではないかとした（岸前掲書）。すなわち、藤原京の東の京極《きょうごく》が中ツ道、西の京極が下ツ道、北の京極が横大路に、それぞれ相当するという解釈である。その後の発掘調査によって、岸氏が想定した藤原京域の外側でも、街路にあたると考えられるような大道が検出されることがあり、岸氏説よりひと回り大きい大藤原京を唱える論者もいたが、長く岸氏の想定は、定説の位置を占めてきたといえる。

ところが、平成八年（一九九六）に、岸氏説の京域の外側で、西京極・東京極を示すと考えられる道路状遺構が検出され、中村氏と小沢毅氏は、それぞれこれを承けて、宮域を中心に置いた東西・南北とも一〇里の長さをもつ正方形の新しい京域を提唱した（中村「藤原京と『周礼』王城プラン」『日本歴史』五八二、一九九六年。小沢「古代都市『藤原京』の成立」『考古学研究』四四―三、一九九七年）。筆者も中村氏・小沢氏説を妥当と考えるが、この場合でも、宮域は中ツ道・下ツ道・横大路から等距離にあるので、道路が宮域設定の基準線になったといえる。また中村氏は、藤原京のモデルを『周礼《しゅらい》』に見える王城プランに求めている。ただし『周礼』の方九里という点に関しては、中ツ道・下ツ道・横大路との間に齟齬《そご》をきたしてしまうことなどから、方一〇里に修正されたとする。したがって、京域についても、中・下ツ道と横大路に規制されたとみることができよう。

平城京・恭仁京と道路

和銅三年（七一〇）に、藤原京から平城京へ遷都がおこなわれるが、平城京も道路を基準として設定されたことを、やはり岸氏が指摘している（岸前掲書）。すなわち、平城京の朱雀大路《すざくおおじ》は、下ツ道を基準に拡張して建設され、東京極は中ツ道と一致する。そして、西京極は、下ツ道から中ツ道までの距離を、下ツ道から反対に西へ折り返したラインに相当する。ところで、平城京は奈良平野の中心に位置しないで、西に片寄って存在している。このことは、その京域設定が道路に規制されたためと解釈できる。右京域には丘陵部にかかるところが生じて、条坊の完全な施行が見られず、一方、東方に余地があったので、外京《げきょう》が設定されたのであろう。

つぎに、天平一二年（七四〇）に恭仁京《くにきょう》が成立するが、そのプランは右京と左京とが分離し、宮域は左京の北辺中央にあるという特異なものであった。足利健亮氏は、「作り道」と称する、右京の中軸の道路痕跡が一部認められることを指摘し、これを平城京から北上する北陸道にあたるとした（『日本古代地理研究』大明堂、一九八五年）。すなわち、恭仁京も道路を基準として設定されたことになるが、岸氏は「作り道」が中ツ道の北延長線に一致することを指摘している。作り道と中ツ道との間には、平城山《ならやま》の丘陵があり、実際に直線道で結ばれていたとは考えがたいが、そのようなラインが意識されたり、測量されたりしていたことを考えると興味深い。

国府・郡家・寺院と駅路

国府と駅路

歴史地理学の分野では、天智朝（六六八〜七一）ごろには、駅路の整備がかなりの地域において進められたとみられている。それにたいし、律令国家が地方支配のために、国ごとに設置した役所である国府は、発掘調査の結果、八世紀の第2四半期から中ごろにかけて整備されたものが多いようである（山中敏史『古代地方官衙遺跡の研究』塙書房、一九九四年）。したがって、駅路の成立の方が、国府の整備よりもはるかに先行することになる。

ところで、全国の国府の位置と駅路の関係について見渡すと、駅路の分岐点付近に国府が立地すると思われる例が、かなりあることに気づく。たとえば、参河・遠江・武蔵・常陸・播磨などがそうである。この場合、国府と駅路の先後関係を考えると、駅路がまずあって、その分岐点に国府が設置された可能性がある。

国府が駅路の分岐点に位置することを明確に示すのは、出雲国の場合である。『出雲国

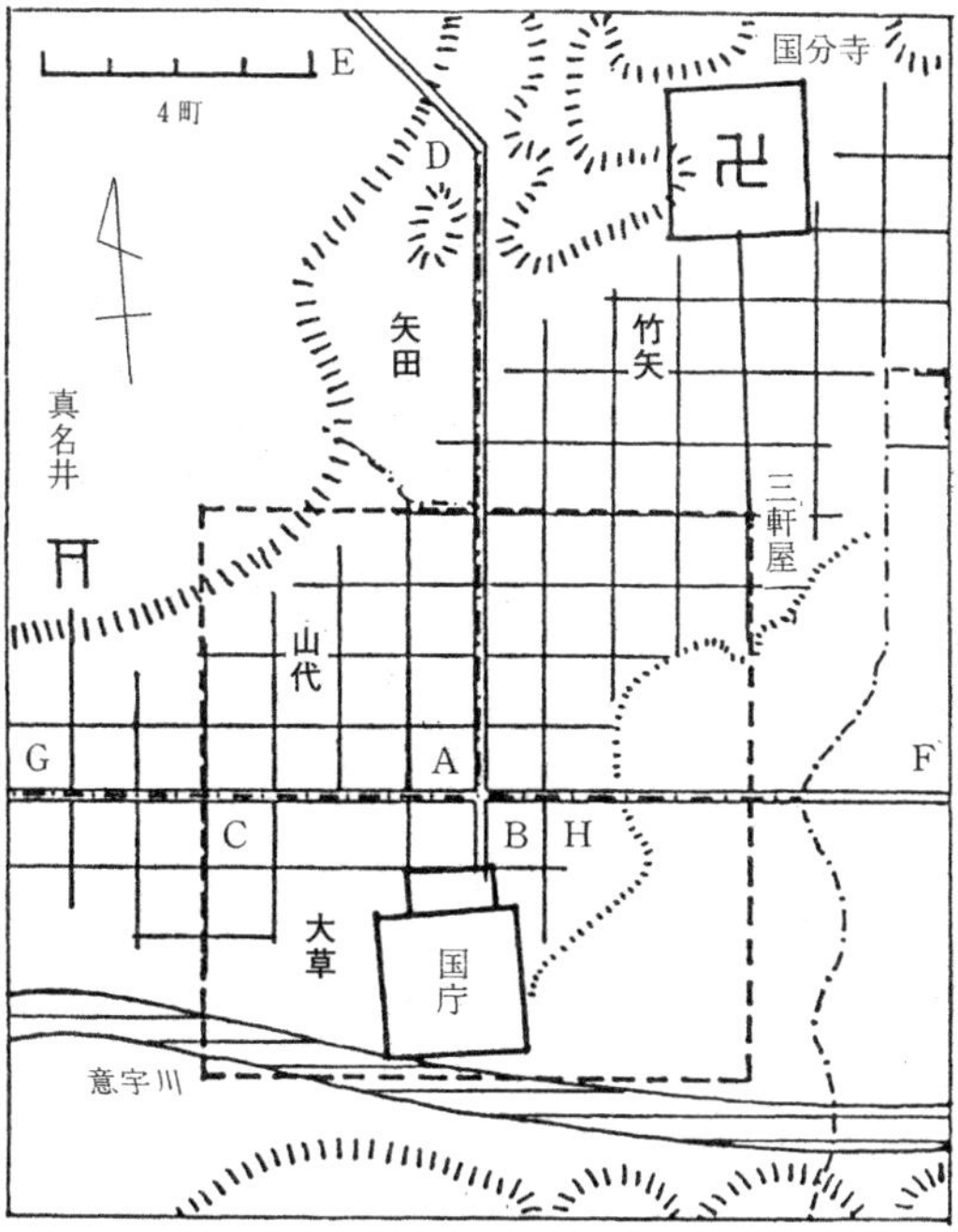

図5　出雲国庁と十字街
（木下良「国府の『十字街』について」『歴史地理学紀要』19，7頁より）

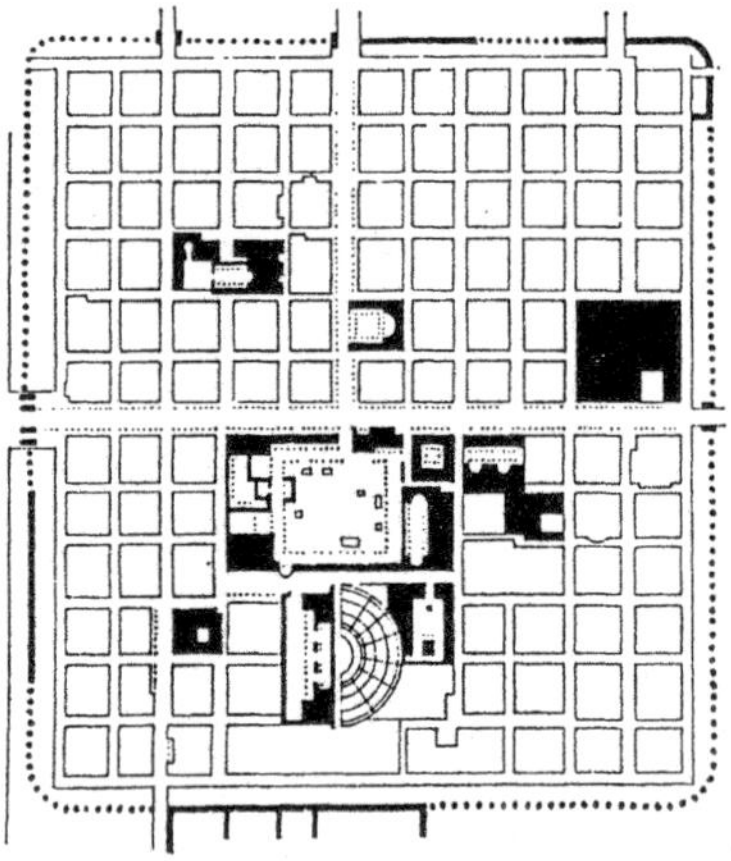

図6　典型的ローマンタウン，タムガディ（矢守一彦『都市図の歴史―世界編』講談社，1975年，306頁より）

風土記』によれば、国庁、意宇《おう》郡家《ぐうけ》の北に「十字街」があり、ここで東西に通る山陰道本道に対して、北に隠岐へ向かう支道を分岐する。十字街は、国内各地への距離算定の基準点となっており、黒田駅もここに置かれていた。このような十字街は、駅路と駅路のみならず、駅路と国内の主要道との関係においても形成される場合があり、木下良氏はそのような例として、備前・周防・讃岐・筑後・肥後などを取り上げている（「国府の『十字街』について」『歴史地理学紀要』一九、一九七七年）。

なお、出雲の場合は、国庁と同所に意宇郡家や意宇軍団も置かれ、まさに十字街付近は出雲国の中心地域であったと考えられる。あるいは、木下氏は備前・周防・筑後国府の十字街が想定される付近に、市《いち》関係の地名が見られることから、国府の付属市の存在を考えている（木下前掲論文）が、同様のことは、他の国府の十字街においても、十分あり得たと推測される。

ローマンタウンの十字街

ここで少し視点を変えて、古代ローマ帝国の都市であるローマンタウンと国府を比較してみよう（木下良「日本古代駅路とローマ道との比較研究―序説―」『歴史地理学』一二四、一九八四年）。

ローマンタウンは、ローマ道に沿って立地し、とくにその分岐点に形成されることが多い。その例として、図6に示したのは、アルジェリアに残るタムガディ（現チムガド）の平面図である。タムガディは、トラヤヌス帝の命によって、一〇〇年に建てられた植民都市で、軍団の司令部が置かれていたラムバエシスから、メルジャ平原の要衝テベスチスとを連絡する東西道と、ここから分かれてヌミディア、プロヴィンスの首都であるキルタに向かう南北道との分岐点に立地していた。これらのローマ道が逆T字型を作る地点を中心に、一辺約三五五㍍の城壁で囲まれた正方形の市街を作り、ラムバエシスとテベスチスを結ぶローマ道をデクマヌス・マキシムス（東西大通り）に、これと直交してキルタに向かうローマ道をカルド・マキシムス（南北大通り）にしていた。そして、町の中央南寄りに、広場・劇場・神殿・市場などの公共施設が設けられていた。いわば、この広場の北側が国府の十字街にあたるわけで、国府の形態ときわめて類似している。現代ヨーロッパの代表的な都市であるロンドンやパリも、その起源はローマの植民都市であって、デクマヌス・マキシムスとカルド・マキシムスとの交点付近には、フォルム（広場）等が設けられていた。

ローマのへそ

ところで、ローマ帝国の首府であるローマそのものは、少なくとも共和制下においては、方形方格の地割をとらず、デクマヌスやカルドについても判然としない。ただ「すべての道はローマに通ず」の言葉からうかがえるように、ローマへ向かう諸街道の終点は、フォルム・ロマヌムと呼ばれる広場であり、神殿や議事堂が存在して、まさにローマの中心であった。そして、ここには文字どおり「ローマの・へそ《ウンビリクス・ウルビス》」と呼ばれる建造物が存在した。これは、帝国中期のセウェルス帝（在位一九三〜二一一）のころに造られたといわれるが、現在はその位置に、煉瓦を積み上げた直径二メートルほどの円柱の残骸が残るばかりである。おそらくその上には、ローマの中心であることを象徴する何ものかを載せ、彫刻を施した大理石などで飾られていたと想像されている（藤原武『ローマの道の物語』原書房、一九八五年）。

また、フォルム・ロマヌムには「金色のマイルストン」も存在した。これは、ローマ道の原点を示し、すべてのローマ道の起点であった。紀元前二〇年に、アウグストゥスによって造られたもので、これは大理石でできていて、その大理石柱には、ローマから属州各地にいたる距離を刻んだ金張りの青銅板が貼りつけてあったという。金色のマイルストンは、現在は失われてしまったが、サトゥヌルスの神殿跡に、周りを棕櫚《しゅろ》の葉の浮き彫りで飾られた大理石の台座があり、これがその台座ではないかとされている。もし、そうであるとすれば、金色のマイルストンは直径一・二メートルの円柱であったことになる（藤原前掲書）。

さて、このようにローマ帝国の例をみてみると、デクマヌス・マキシムスにあたる隠岐へ向かう駅路と、カルド・マキシムスにあたる山陰道本道の交点となる出雲国の十字街にも、なんらかの標柱があってもよさそうであるが、とくにそういったものは確認されていない。しかし、十字街が国内各地への距離算定の基準点になっていることを考えると、そこには目印か何かがありそうな気がするし、それは都城や他の国府においても、今後検討されるべきであろう。

郡家と駅路

律令国家が地方支配のため、各郡に設置した役所が郡家《ぐうけ》であるが、最近の発掘調査の結果によれば、全国的に七世紀第4四半期から八世紀第1四半期ごろに、その出現をみるという（山中前掲書）。したがって、やはり駅路の成立の方が若干早いようである。

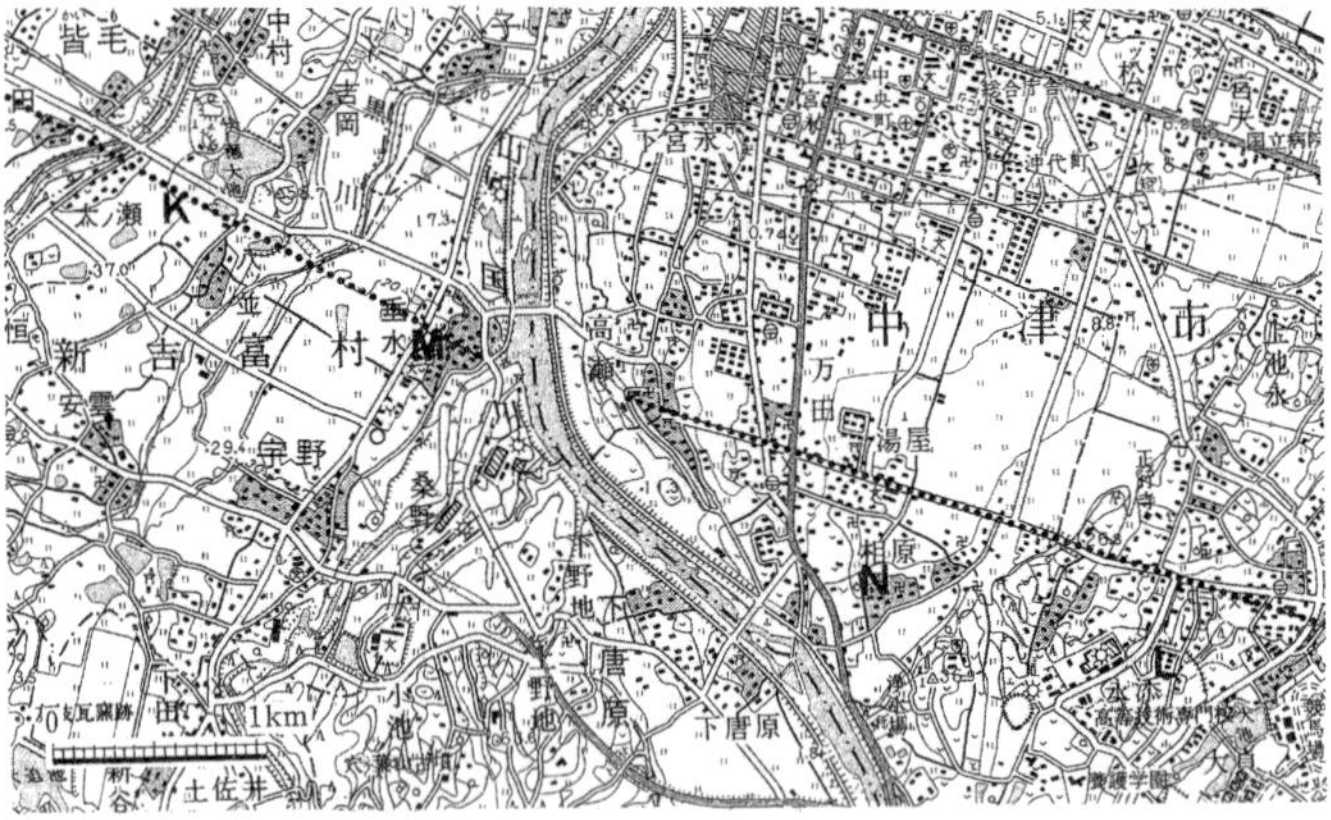

図７　上毛・下毛両郡家および上毛・下毛両郡寺と想定駅路
（1/5万地形図「中津」より）

郡家が駅路に沿っている例はきわめて多く、郡家造営の際、交通に便利な地が選ばれ、またそれは、郡家の威容を人々に示す意味もあったであろう。ここでは、郡家と駅路との関係を明確に示す例として、豊前国上毛《かむつみけ》郡家の郡庁に比定される、福岡県新吉富村の大ノ《だいの》瀬《せ》官衙遺跡（図７K）を取り上げてみたい（矢野和昭「福岡県新吉富村・大ノ瀬下大坪遺跡―推定豊前国上毛郡衙政庁跡―」『古代文化』五〇―五、一九九八年）。

同遺跡は、柵列で二重に区画され、内郭《ないかく》に正殿《せいでん》と東脇殿《ひがしわきでん》が検出されている。ところで、官衙《かんが》（役所）は南面するのが一般的であるが、この遺跡は南東方向を向いており、これはほぼ外郭東面に沿って走る駅路に規制された結果と考えられる。

中津平野を通る駅路のルートは、戸祭由美夫氏によって、宇佐神宮への勅使《ちょくし》が通ったことにちなむ「勅使道」が、駅路を踏襲した道ではないかとする見解が出され（「豊前国」藤岡謙二郎編『古代日本の交通路Ⅳ』大明堂、一九七九年）、日野尚志氏もより詳細な検討をおこなっている（「豊前国京都・仲津・築城・上毛四郡における条里について」『佐賀大学教育学部紀要』二二、一九七四年）。それによると、大ノ瀬官衙遺跡付近の駅路は、同遺跡と同じ方位で一直線に通り、その外郭東面に沿うことになる。外郭東面の柵列にほぼ平行して、南北方向に一七〇メートル以上つづく溝跡が存在し、これは外郭南限より、さらに南にのびているので、駅路の西側溝である可能性が高い。また、あまり明瞭ではないが、推定西側溝から一二メートルおよび一六メートル離れた地点にも一部溝跡が検出されているので、これを駅路の東側溝とみなすことができるかもしれない。また、駅路から分かれて内郭正面の門付近に達する幅六メートルの、両側溝をもつアクセス道も検出されており興味深い。

なお想定駅路は、当遺跡の東南で、下毛郡《しもつみけ》との郡界にあたる山国川を渡るが、ここでわずかに方位を変える。下毛郡家については、大分県中津市の長者屋敷遺跡（図7L）で検出された倉庫群が正倉にあたると考えられる（高崎章子「大分県中津市・長者屋敷遺跡の概要とその出現の背景」『古代文化』五〇—五、一九九八年）ので、郡庁域はまだ発見されていないものの、やはり郡家は、駅路に近接していたとみることができよう。

古代寺院と駅路

全国に六〇〇ほどあるとされる白鳳寺院跡は、東北・西南の辺境地帯をのぞけば、郡単位に存在することが多い。これらは郡司層《ぐんじ》によって建立されたと考えられ、奈良時代前半ごろまでに建立されたものをふくめて、郡寺《ぐんでら》と呼ばれている。木下良氏は、天武天皇一四年（六八五）三月二七日の「諸国に、家毎《ごと》に、仏舎を作りて、乃《すなわ》ち仏像及び経を置きて、礼拝供養《らいはいくよう》せよ」との詔が、郡寺建立を指しているとする（『国府—その変遷を主にして』教育社、一九八八年）。この見解に従えば、やはり駅路の成立の方が、郡寺の建立に先行することになる。

駅路と寺院の関係について記した資料として、最近注目されているのが、弘仁から天長ごろに、法会《ほうえ》における僧の説教の覚書として書きとめられたと考えられている『東大寺諷誦文稿《ふじゅもんこう》』である。このなかに、法会をおこなう「堂」の立地条件を褒め称えるくだりとして「駅道大道之辺、物毎に便あり」とある。寺院が駅路に面していれば、さまざまな点で便利であったろうし、また、人々にその寺院の立派さを見せつけることで、支配を強化する意味合いもあったであろう。

具体的な例として、たとえば先述した豊前国上毛郡の郡寺は、福岡県新吉富村の垂水《たるみ》廃寺（図7M）に、下毛郡の郡寺は、大分県中津市の相原廃寺（N）に比定されるが、いずれも想定駅路に近接している。とくに垂水廃寺は、想定駅路に沿って、同方位に方二町の寺域を有すると想定されており（『新吉富村文化財調査報告　第二集』新吉富村教育委員会、一九七六年）、七世紀後半の創建とされている。したがって、この地域の駅路の開設は、それ以前にさかのぼることになる。

ところで、山国川以東の想定駅路は、宇佐神宮までほぼ一直線に走ったと考えられるが、神宮の境内には、駅路に沿って古代寺院弥勒《みろく》寺跡が存在する。発掘調査の結果、八世紀前半に建立され、伽藍《がらん》配置は、北から東に約一六度振れていることが判明したが、この方位は想定駅路の方位と一致するので、弥勒寺は駅路に規制されたとみなされている（『弥勒寺』大分県立宇佐風土記の丘歴史民俗資料館、一九八九年）。ただし、宇佐郡には、例外的に古代寺院が多く、郡寺はほかに存在したと考えられる。また、豊後国へ向かう駅路は宇佐神宮の手前で南に折れ、駅館《やっかん》川をさかのぼって安心院《あじむ》方面へ向かうので、駅館川から宇佐神宮までの間が、厳密な意味で駅路といえるかどうかという問題もあるが、下総国の香取神宮、常陸国の鹿島神宮、越後国の弥彦神社のように、神社が駅路の終点となっているとおもわれる例もあるので、いちおう、広い意味での駅路とみなしておきたい。

ところで、天平一三年（七四一）、聖武天皇により、各国に国分寺と国分尼寺を建立するよう詔が出されたが、足利健亮氏は、諸国の国分寺が駅路に沿って立地している例が多いことをのべている（『日本古代地理研究』大明堂、一九八五年）。

以上のように、古代寺院が駅路に沿って存在する例は、枚挙にいとまがないが、明確に駅路に規制されていることがわかるケースは、まだあまり知られていないようである。

国境・郡界と道路

境界と道路

古代における国境や郡界の画定は、いつごろおこなわれたのであろうか。「大化改新詔」には「山河を定めよ」とあるが、具体的に国境については、『日本書紀』の記事から天武天皇一二〜一四年（六八三〜八五）の間のこととされている（服部昌之『律令国家の歴史地理学的研究』大明堂、一九八三年）。したがって、天智朝に駅路が敷設《ふせつ》されたとすると、駅路の成立の方が若干早いようである。一方、郡の前身である評《こおり》がいつ成立したかについては諸説あるが、広く官衙《かんが》遺跡を検討した山中敏史氏は、「飛鳥《あすか》浄御原令《きよみはらりょう》」の施行期に、全面的な立評が認められるとする（『古代地方官衙遺跡の研究』塙書房、一九九四年）。この見解に従えば、持統天皇三年（六八九）ごろに、かなりの地域において評界が画定した可能性があり、やはり駅路の成立の方が先行することになる。

さて、いうまでもないことであるが、境界には、山や川などの自然物を利用する自然的境界と、アメリカ合衆国の州界に見られるような人為的境界とがある。古代国家が国境や郡界を画定する際、すでに成立していたと思われる直線的な駅路を利用するケースは多々あったと想像され、その場合、直線的な境界が出現することになる。また、本来、道路は公的な性格を有する土地であるから、境界線としてふさわしいであろう。

国境と道路

大阪平野南部の摂津・河内・和泉の国境については、服部昌之氏の研究がある（服部前掲書）。まず、秋山日出雄氏によって、条里地割の基準線となっていることが指摘された（「日本古代の道路と一歩の制」『橿原考古学研究所論集』吉川弘文館、一九七五年）八尾《やお》街道の一部が、摂津と河内の国境となっている。つぎに、難波京の朱雀大路《すざくおおじ》の延長線上にあたる難波大道は、その一部が摂津・河内両国の国境となっており、これが大津道とクロスする地点から西に海岸までのびる部分が、摂津と河内・和泉の国境であったと推測されている。さらに、河内と和泉の国境となっている西高野《にしこうや》街道をそのまま北西へ延長すると、摂津・河内・和泉三国の境にあたる三国丘に達する。木下氏は、西高野街道について、難波京から、改新の詔の畿内の四至の一つである「紀伊の兄山《せのやま》」への経路ではなかったかとしている（「『大化改新詔』における畿内の四至について―『赤石の櫛淵』の位置比定から―」『史朋』二七、一九九二年）。以上のように、大阪平野南部における摂・河・泉三国の国境の大部分が、古代直線道によって画定されていたことが明らかである。

つぎに、駅路が国境となった明確な例としては、筑後国と肥前国の国境の例があげられよう。これは現在の福岡県小郡《おごおり》市と、佐賀県基山《きやま》町および鳥栖《とす》市の境界線が、途中一ヵ所屈曲するものの、約八・五キロにわたって、直線的に通っているもので、木下氏は、このラインが肥前国基肄《きい》駅から、筑後国御井《みい》駅へと向かう駅路に合致していると推測している（「西海道の古代官道について」『大宰府古文化論叢　上』吉川弘文館、一九八三年）。ここは、かつての筑紫国と火国の国境だったことになるが、おそらく旧国境は、この西をほぼ並行して流れる秋光川か山下川だったものを、駅路を利用して直線に改めたのだろう。

さらに、下野と下総の直線的国境の例も興味深い（服部前掲書）。これは、現在の栃木県野木町・小山市と、茨城県総和町・三和町の境界線が、途中やや屈曲するものの、約九キロにわたって直線的に通っているもので、木下氏はこれも古代道路ではないかとしている（「上野・下野両国と武蔵国における古代東山道駅伝路の再検討」『栃木史学』四、一九九〇年）。

服部昌之氏は、延久二年（一〇七〇）ごろの大和国の郡界を復原した（服部前掲書）が、これを分析した木下氏によれば、平城京南における下《しも》ツ道《みち》の約五六％、中《なか》ツ道の約三五％、横大路の約一五％、北の横大路の約五〇％が郡界となっていることを指摘している（「古代的地域計画の基準線としての道路」『交通史研究』一四、一九八五年）。

また、先に駅路が国境となった例として紹介した筑後・肥前国境の駅路は、さらに南の部分では、筑後国御井郡・三潴《みむま》郡・上妻郡・下妻郡の郡界となっている（日野尚志「西海道」木下良編『古代を考える　古代道路』吉川弘文館、一九九六年）。

郡界と道路

ところで、駅路が郡界設定の基準線となっている例は、駅路とクロスする方向にも考えられる。たとえば、金田章裕氏は、讃岐国における郡界が、ほとんど駅路に直交するような方向で直線に引かれていることを指摘している（『古代日本の景観』吉川弘文館、一九九三年）。駅路は、山頂、山麓・丘陵などの崖端、山嶺の肩など、地形的に目立ったものを目標として、全体的に最短距離となるように設定されたと考えられる。したがって金田氏は「讃岐の直線郡境は南海道の測設と密接な関連を保ちつつ同時に設定されたか、直線郡境の方が少しおくれて、南海道のルートを基準の一つとして設定されたか、のいずれかである」としている。

一方、近江国の東山道を復原した足利氏は、その屈曲点が四ヵ所において、郡界となっていることを指摘している（足利前掲書）。この場合も、駅路の開設と郡界の設定が同時かあるいは駅路が郡界に先行したかのどちらかになるはずであるが、筆者は後者の可能性が高いと考えている。

以上、国境や郡界が駅路を基準線として設定される場合があったことを見てきたが、歴史地理学の研究者は、このことを逆手に取って、駅路の復原を試みるのである。すなわち、国境や郡界は、現在の都府県界や市町村界、字界《あざ》に踏襲される場合があるので、そのなかから直線的な境界線をみつけることが、駅路復原の手がかりとなるはずである。

条里・古代山城と道路

条里と道路

条里《じようり》地割とは、一町方格に区切られた田圃《たんぼ》の区画のことであるが、天平一四年（七四二）以降、これに数字を振ることによって、条里呼称法が成立し、金田章裕氏は両者を合わせて、条里プランと呼んでいる（『条里と村落の歴史地理学研究』大明堂、一九八五年）。

ところで、条里地割と道路との関係で注目されるものに、余剰帯《よじようたい》の存在がある。すなわち、図8にみるように、条里地割を復原していくと、帯状に半端な部分が出てくるが、これが余剰帯で、道路にあたるケースが多い。もっとも、余剰帯の幅がそのまま道路敷である場合と、道路の両側に若干の余地が存在する場合があり、後者の余地には、植樹され並木となっていた可能性がある。いずれにせよ、条里地割が先に存在して、後に道路が敷設された場合には、余剰帯ができることはあり得ないので、これが存在する場合は、道路と条里地割が同時にできたか、道路が条里地割に先行したかのいずれかということになる。

つぎに全国の余剰帯についてみていくことにするが、まず畿内では、奈良平野において、

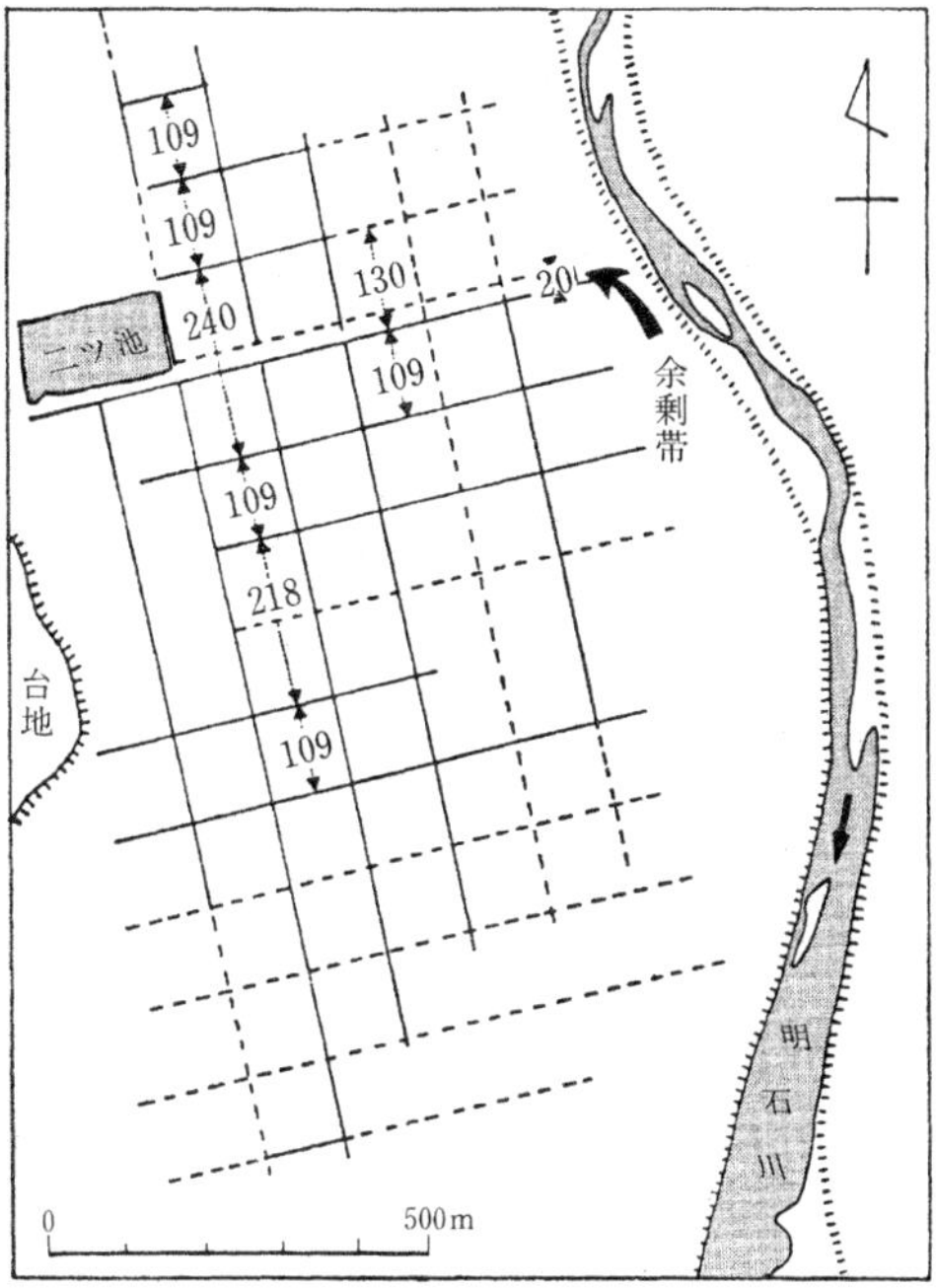

図8　明石川右岸の条里地割にみる余剰帯
（藤岡謙二郎編『講座考古地理学　第5巻，生産と流通』学生社，1989年，62頁より．原図は吉本昌弘氏）

田村吉永氏が、下ツ道と横大路とが、条里地割に対して余剰帯を示すことを指摘した（「大和の上中下道及び横大路に就いて」『大和志』九―五、一九四二年）。秋山日出雄氏はこのことから、奈良平野の条里地割は、下ツ道と横大路とを基準線として施行されたとのべた（「条里制地割の施行起源」『日本古文化論攷』吉川弘文館、一九七〇年）が、千田稔氏の計測によれば、それぞれの余剰帯の幅は、四二・五㍍であった（「横大路とその周辺の歴史地理」『横大路（初瀬道）』奈良県教育委員会、一九八三年）。下ツ道は、発掘調査の結果、その道幅が約二三㍍であったことが判明したので、両側溝の外側に一〇㍍程度の余地が存在したことになる。また、金田章裕氏によれば、大津道に比定される可能性が高い長尾街道、および丹比《たじひ》道に比定される竹内街道や、難波大道においても余剰帯が見られる（『古代日本の景観』吉川弘文館、一九九三年）ので、大阪平野の条里地割は、これらの諸道を基準線として施行されたと考えられる。

摂津国有馬郡に属していた兵庫県三田市の三田盆地には、武庫川《むこがわ》上流とその支流の河谷内に、方位を異にする五条里区が認められ、落合重信氏は、これをそれぞれを勢力分野とする大化前代の族長層の存在に関連するものとして、条里地割の施行を大化前代にさかのぼらせる一根拠としていた（落合長雄・重信「神戸地方の条里」『神戸市文化財調査報告』八、一九六五年）。これにたいして、吉本昌弘氏は、五条里区の内の三つの条里区に余剰帯を検出し、地形に応じて屈折する道路を基準に、条里地割を施行した結果であるとした（「摂津国有馬郡を通る計画古道」『歴史地理学会会報』一〇四、一九七九年）。この道路の意味について吉本氏は、難波に都が置かれた時期の古山陰道ではなかったかと推測している。

諸道の余剰帯

畿内以外においては、山陽道と南海道における余剰帯の検出が、木下良・日野尚志・吉本昌弘氏によって、ほぼ同時におこなわれた（木下「空中写真に認められる想定駅路」『びぞん』六四、一九七六年。日野「讃岐国刈田郡における官道（南海道）と条里・郷との関連について」『東北地理』二八―二、一九七六年。吉本「古代播磨国における山陽道と郡家の復元的研究」『新地理』二五―一、一九七七年）。このうち吉本氏は、これを「道代《みちしろ》」と名づけたが、平城京南の下ツ道と中ツ道との連絡路にあたる余剰帯に、実際に「道代」の字《あざ》名が存在するので、適切な名称といえよう。すなわち、余剰帯のすべてが道路とはかぎらないので、とくに道路である場合、道代と呼んで区別することができる。道代としての余剰帯は、山陽道および南海道の条里施行地を通る、駅路のほぼすべてにわたって認められ、その幅は一五～二〇メートル程度である。

耕地整理が早く進展した東日本においては余剰帯の検出は困難と思われていたが、矢田勝氏は、耕地整理以前の地籍図を活用することによって、静岡平野において、幅約一五メートルの余剰帯を検出し、これを東海道駅路に比定した（「駿河国中西部における古代東海道―地籍図分析と発掘成果からみた古代東海道と条里遺構―」静岡県地域史研究会編『東海道交通史の研究』清文堂、一九九六年）。この余剰帯部分は、平成六年（一九九四）に静岡市内で曲金《まがりかね》北《きた》遺跡として発掘されており（『曲金北遺跡』静岡県埋蔵文化財調査研究所、一九九六年）、幅約一二メートルの道路状遺構を検出している。

　東山道や北陸道においては、吉本氏が近江国内において、それぞれ幅約一二メートル、二三メートルの余剰帯の存在を指摘している（「古代駅伝路における道代の幅員について」『古代交通研究』九、一九九九年）。また山陰道では、中村太一氏が、出雲国の意宇平野において、幅約一四メートルの余剰帯を検出している（「『出雲国風土記』の方位・里程記載と古代道路―意宇郡を中心として―」『出雲古代史研究』二、一九九二年）。

　これで七道のうち、都から発する六道については、いちおう余剰帯が存在することが指摘されたが、西海道については、現在のところ余剰帯の存在は確認されていない。すなわち、西海道では、駅路と条里との方位が一致する箇所は多いが、余剰帯は検出されず、道路幅は条里地割に食い込んで存在している。このことから、条里が先行して、後にそれに沿って駅路が設定されたとみる論者もいるが、つぎのような事例は、これを否定することになろう。

木下良氏は、「車路《くるまじ》」地名をもとにして筑後国における御井郡から山門《やまと》郡にかけての駅路を復原した（「『車路』考―西海道における古代官道の復原に関して―」藤岡謙二郎先生退官記念事業会編『歴史地理研究と都市研究』上、大明堂、一九七八年）が、駅路の御井・三潴・上妻の各郡の通過部分は、それぞれわずかに方位を変えている。それはまた、各郡の条里地割と同方位である。低地の条里地割を基準に台地上の駅路を設定したとは考えられないから、この場合も駅路を基準に条里が施行されたとみなすべきであろう。

このような事例などから、西海道における余剰帯の欠如は、条里地割の施行が駅路の設定に先行したからではなく、木下氏がのべるように、地域的特性と解したい（「古代的地域計画の基準線としての道路」『交通史研究』一四、一九八五年）。

以上のように、駅路が条里地割の基準線となった例を、余剰帯が存在するものを中心にみてきたが、駅路が条の界線や里の界線になっていることも多く、条里呼称の基準線としても機能していたことを示している。

なお、駅路と条里がつねに同方位をとるというわけではなく、条里地割に対して駅路が斜向する例も多々みられる。足利健亮氏は、道路が条里に先行する場合は、直線道が条里地割によって改変されることが多く、条里が道路に先行する場合は、直線道がそのまま存続することを指摘している（『日本古代地理研究』大明堂、一九八五年）。たしかに一般的にはそのような傾向が認められるようであるが、発掘調査の結果、足利氏の考え方にあてはまらない事例も多く、むしろ木下氏が指摘するように、条里地割と斜向道路との関係は単に施行の先後にかぎらず、条里地割の施行時点で、道路がなお使用されていたかどうかによるところが大きいであろう（「古代交通研究上の諸問題」『古代交通研究』創刊号、一九九二年）。

ローマ道とケンチュリア地割

右にみてきたような駅路と条里との関係は、ローマ帝国におけるローマ道とケンチュリア地割との関係に、きわめて類似している（木下良「日本古代駅路とローマ道との比較研究—序説—」『歴史地理学』一二四、一九八四年）。ケンチュリアとは、古代ローマの植民地に施行された方格状の土地区画で、二〇アクトゥス（約七一〇メートル）×二〇アクトゥスの正方形区画を基本として、これが縦横に連続したものである。

ローマ道とケンチュリア地割との関係について、シュバリエは、北イタリアのケンチュリアは、紀元前一八七年に建設されたエミリア街道と密接な関係があり、ケンチュリアはエミリア街道と同時か、あるいは街道に遅れて、いずれにしても街道を基準にして設定されたに違いないとのべている（Chevallier, R.: *Roman Roads*, University of California Press, 1976）。また、マーガリーは、イングランド東南部のライプとチャルヴィントンという二村落にかけて認められるケンチュリア類似の方格状地割の存在についてのべ、これがローマ時代起源のものであることを論じているが、ここでもその東辺を通る直線のローマ道が基準線となっている（Margary, I. D.: *Roman ways in the Weald*, London, 1948）。

さらに木下氏は、エミリア街道に沿うパルマ付近における、街道とケンチュリア地割の関係について、地形図によって観察した（木下前掲論文）。パルマは、紀元前一八三年に植民都市として建設されたが、紀元前四四年の内戦に際して破壊された。その後、アウグスツス（在位紀元前二七〜紀元一四）の時に再興され、コロニア・ユリア・アウグスタ・パルメンシスと名付けられた。都市プランは、エミリア街道をデクマヌス・マキシムスに、ファリニ通りとカブール通りとをカルド・マキシムスとして直交状街路が形成され、外壁は四辺形であったとされる。

パルマ市街地内とその以西を通るエミリア街道は、N73°W方向を示すのに対して、市街東辺から東方はN64.5°Wと若干方向を変え、それぞれ直線に通っている。ケンチュリアの地割は、パルマ以西のエミリア街道と方位を同じくするので、これが基準線になったことがわかる。もっとも、パルマ以東のエミリア街道とケンチュリア地割の関係からうかがえるように、常に方位が一致するとはかぎらない点は、わが国の駅路が条里地割に対して斜向する例があることを想起させる。

なお、ローマ道がケンチュリアの基準となった場合、余剰帯が存在したかどうかについては、まだよくわからないが、木下氏は、南フランスのオランジュで発見された、ケンチュリアの境界石に刻まれた地籍図の断片において、カルドとデクマヌスが、それぞれ固有の幅をもつものとして記されていることを指摘している。

古代山城と駅路

天智天皇二年（六六三）、日本軍が唐・新羅の連合軍と白村江《はくそんこう》で戦って敗れ、朝鮮半島からの撤退を余儀なくされると、反対に唐・新羅連合軍が海を渡って、日本を攻撃する危険が生じた。そこで、天智天皇四年に、長門城・大野城・基肄《きい》城が、同六年には、高安城・屋島城・金田城があいついで築造された。このほかにも、築造年代の不明な古代山城や、神籠石《こうごいし》と呼ばれるものをふくめると、西日本にはかなりの数の古代山城が分布することになる。

高橋誠一氏は、これら古代山城の立地と、駅路のルートとの間に、密接な関係があることを指摘した（「古代山城の歴史地理—神籠石・朝鮮式山城を中心に—」『人文地理』二四—五、一九七二年）。さらに木下氏は、西日本各地に散見し、とくに西海道北部に多い「車路」地名が、駅路に沿って分布することに注目した（「『車路』考—西海道における古代官道の復原に関して—」藤岡謙二郎先生退官記念事業会編『歴史地理研究と都市研究』上、大明堂、一九七八年）。そして、「車路」の名称の由来を軍用輜重《しちょう》車の使用によるとしたうえで、天智朝の対外危機に際して築城された山城群と、地方の軍事的・政治的中心地とを連絡し、さらには大津京にいたる軍用道路を主体としたものが「車路」であったと推測している（木下良「古代官道の軍用的性格—通過地形の考察から—」『社会科学』四七、一九九一年）。

たとえば、大宰府から肥前国へ向かう駅路は、基肄城の東山麓を迂回すれば平地部のみを通過することができるにもかかわらず、基肄城東辺を通る峠道であったと考えられ、ここから南に「車路」の地名が存在する。また、基肄駅から筑後国へ向かう駅路は、筑後国府の前身官衙《かんが》（『久留米市史』第一二巻、資料編〔考古〕、久留米市、一九九四年）のやや西方を通過する。同遺跡は、七世紀第3四半期ごろに比定され、大溝や堀状遺構によって囲まれた軍事的色彩の強い施設である。ここから南の想定駅路には「車路」の地名が多数認められる。

また鶴嶋俊彦氏は、肥後国の「車路」地名をたどることによって、『延喜式』以前の駅路が、肥後国大水駅から東に鞠智《きくち》城に達し、そこから南下して肥後国府へ達していたことを明らかにした（「古代肥後国の交通路についての考察」『地理学研究』九、一九七九年）。その後鶴嶋氏は、鞠智城から東方に豊後国方面へ向かう「車路」のルートについても復原した（「肥後国北部の古代官道」『古代交通研究』七、一九九七年）ので、鞠智城から東西南の三方に「車路」が放射状に出ていたことになる。

ところで、これまで取り上げてきた都城・国府・郡家・郡寺・国分寺・国境・郡界・条里などは、いずれも計画道の開設より遅れて、むしろそれを基準線として設定されたと推測される。いわば「初めに道ありき」なのである。それに対し、古代山城は、計画道とほぼ同時に設定された可能性が高く、古代道路の軍用的性格がうかがえる。このあたりに、駅路の成立を解く一つの鍵がひそんでいるように思われるのである。

なお、東北地方の城柵間を連絡する道路も当然存在したであろうが、この方面の研究はあまり進んでいない。ただし、多賀城南面には、東山道から分岐したと推測される、幅一二メートルの東西道が、発掘調査によって検出されている（千葉孝弥「多賀城周辺の道路遺構」

『古代交通研究』二、一九九三年)。この道路は、多賀城南辺築地に平行し、多賀城廃寺の方位とも一致する。また、多賀城南面に展開する方格地割の、東西方向の基準線となっていることも注目される。

古代駅路をめぐる諸施設

古代の駅家

歴史地理学からみた駅家

本章では、古代駅路をめぐる諸施設として、駅家《うまや》と立石《たていし》を取り上げる。ほかにも、関や橋・神社・烽《とぶひ》などについても取り上げたいところであるが、紙数の都合により、最もオーソドックスな施設である駅家と、ユニークな存在である立石の二つに絞ることにする。それではまず、駅家について、歴史地理学・文献史学・考古学からのそれぞれのアプローチをみていくことにする。

歴史地理学の主要な資料は、地名と地割である。まず、駅家関係の地名としては、直接駅名が残る場合のほかにも、「マヤ」やその転訛としての「マエ」、さらに「立石」「マゴメ」などがある。「立石」については、次節で詳しくのべるが、駅家を示す標柱としての石が建っていたことに由来するとするものである。「マゴメ」は、一時的な馬の囲い込みの場所を示す地名である（木下良「『馬籠』考―古駅址想定の手掛かりとして―」『信濃の歴史と文化の研究』二、信毎書籍印刷、一九九〇年）。すなわち、駅家に設置されたすべての馬を、常時厩《きゆうしや》舎に繫留しておく必要はないので、非番の馬を囲い込んでおくのに便利な、奥行の浅い谷で、谷口を塞いだものがマゴメである。したがって、マゴメの位置は、駅家の位置からは、いくぶん離れたところになるであろう。マゴメ地名として有名なのは、島崎藤村の出身地としても知られる中山道馬籠宿であるが、木下氏は、この地名についても、美濃国の初期坂本駅と関係があるのではないかとしている。

以上のような駅家関係地名は、独立して一つだけあるよりも、地名群として存在すれば、より確実性が高まる。たとえば、図9は、木下氏が想定した肥前国新分《にいきた》駅付近の小字《こあざ》集成図である（「肥前国」藤岡謙二郎編『古代日本の交通路Ⅳ』大明堂、一九七八年）が、ここには「立石」と「馬込」の両方の小字地名がみられる。そして、D―Eの小字界は、駅路に想定されるが、両地名ともこれに接しているのである。

つぎに、地割の方面からのアプローチであるが、これは駅家は方形をなし、溝によって囲まれるという前提に立っている。

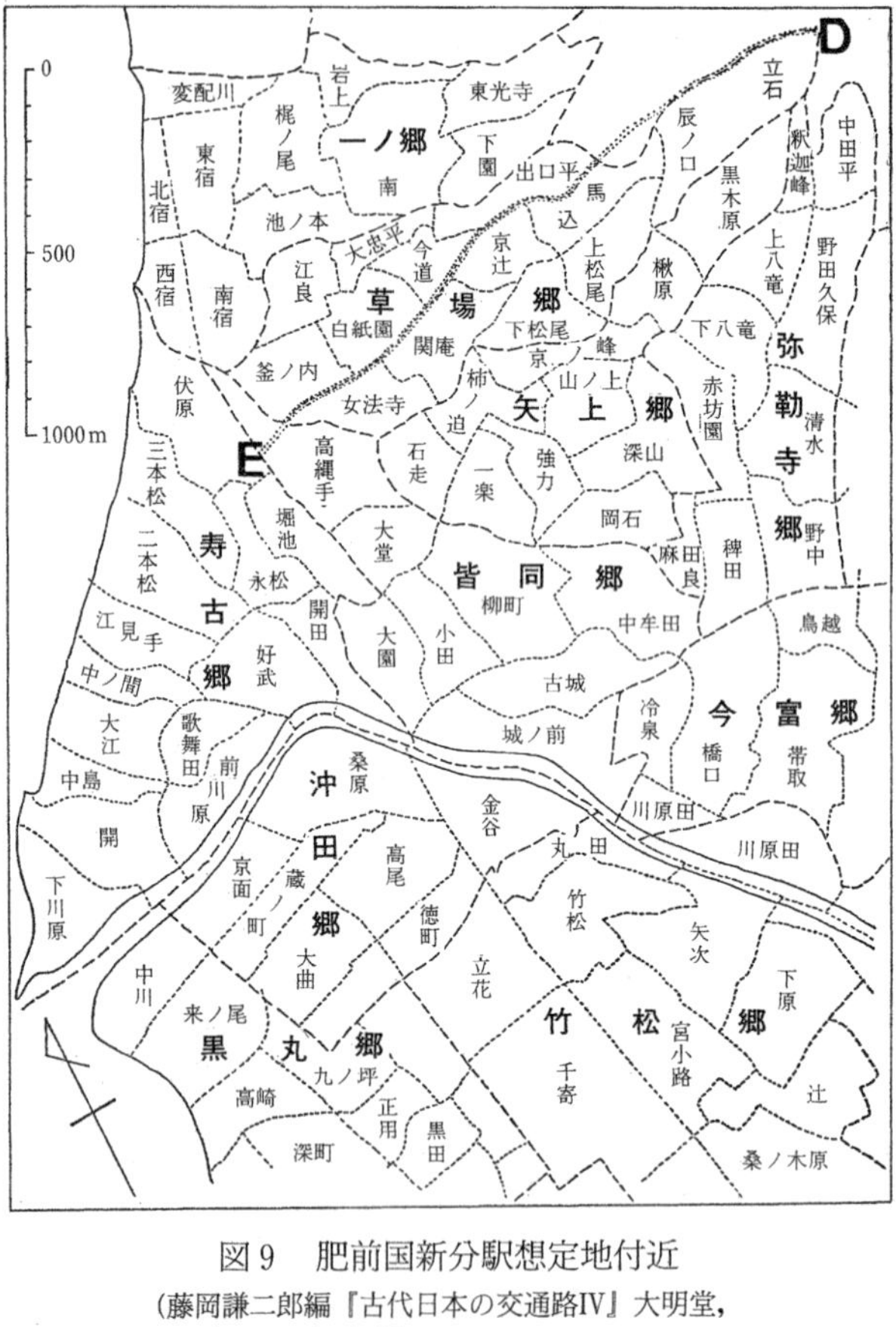

図9　肥前国新分駅想定地付近

(藤岡謙二郎編『古代日本の交通路IV』大明堂，1979年，91頁に加筆)

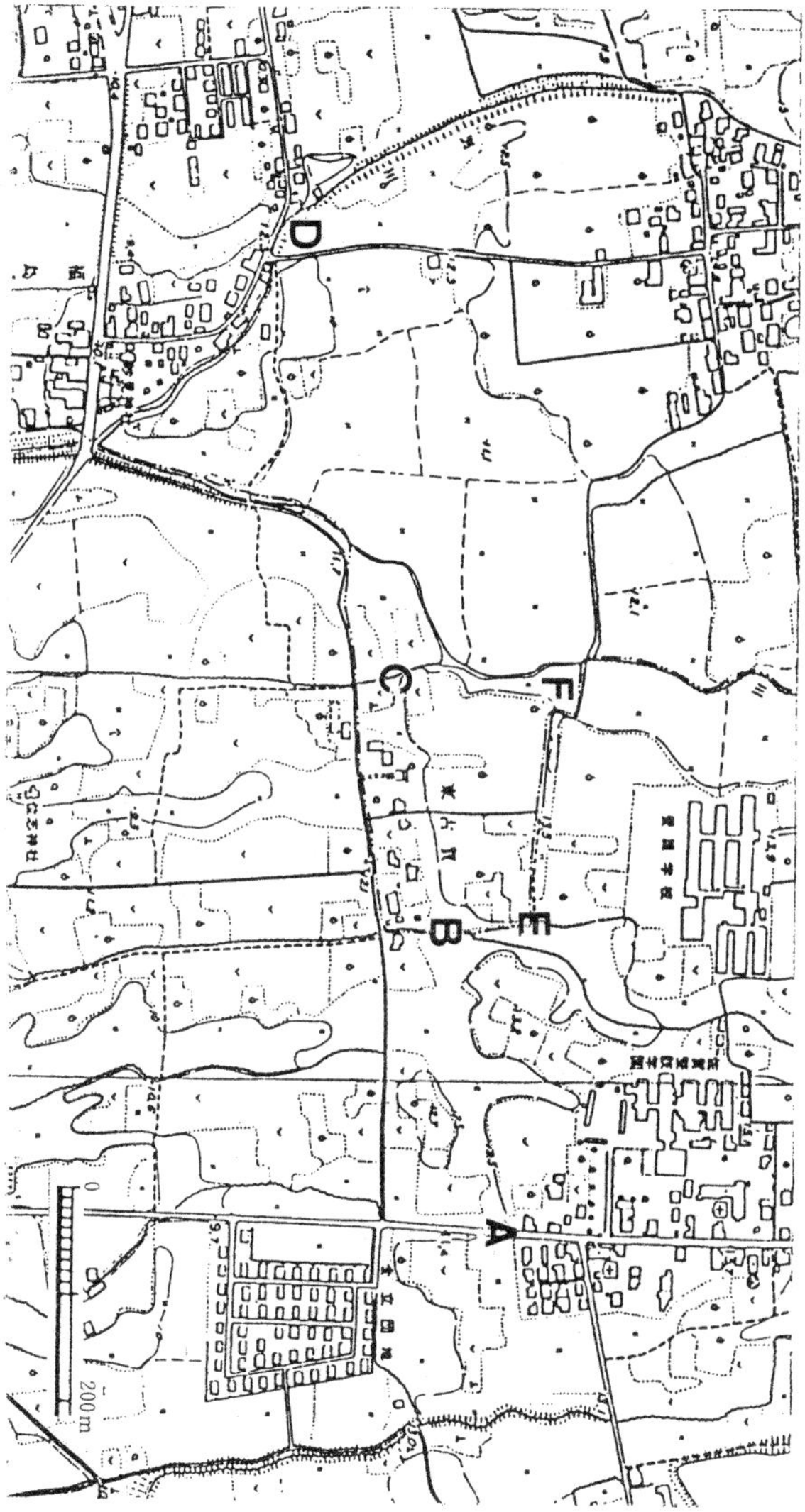

図10　肥前国佐嘉駅想定地付近

まず、図10は、木下氏による肥前国佐嘉《さが》駅の想定地である（「空中写真による計画的古代道の検出」斎藤忠先生頌寿記念論文集刊行会編『考古学論考』中、吉川弘文館、一九八八年）。A—B—C—Dが、想定駅路であるが、その北側に沿って、B—E—F—Cの方形地割が認められる。とくにB—C間とE—F間は、帯状窪地となっている。そして、この方形地割内には、奈良・平安時代初期の土師器《はじき》・須恵器《すえき》が散布している。

また、木下氏による肥後国高原駅の想定地は東西約三〇〇メートル、南北約四〇〇メートルの長方形の区画が空濠状の窪地で囲まれ、奈良・平安時代初期の遺物が散布する（「空中写真に認められる想定駅路」『びぞん』六四、一九七六年）。東走してきた木下氏の想定駅路は、ちょうどこの地で南に屈曲する。方形区画の内部には、後述するように、分郡伝承に由来する立石が存在する。なお、最近、鶴嶋俊彦氏は同地を再検討して、立石を囲む堀は、方形に回るものではなく⊥状をなすので駅家にちなむものではなく、郡界を地表に示すための構築物ではないかとしている（鶴嶋前掲論文）。そして、高原駅を植木町植木の地に求め、肥後国府方面へ向かう駅路は立石を通らず、豊後国へ向かう駅路が立石の地を東西に通過するとしている。

このほかにも金坂清則氏は、栃木県湯津上村の方約二町の地割を、下野国磐上《いわかみ》駅に想定していた(「下野国」藤岡謙二郎編『古代日本の交通路II』大明堂、一九七八年)が、昭和五二年(一九七七)、栃木県教育委員会が、この方形地割の南東隅を、小松原遺跡として発掘した(『茶臼塚古墳　小松原遺跡』栃木県教育委員会、一九七九年)。その結果、多数の墨書土器をともなう奈良・平安期の集落群が検出され、磐上駅の駅戸の可能性が高いとされている。

文献からみた駅家の構造

文献からみた駅家の構造については、高橋美久二氏の研究によるところが大きい(『古代交通の考古地理』大明堂、一九九五年)。

まず、大同二年(八〇七)の太政官符《だじようかんぷ》(『類聚三代格《るいじゆさんだいきやく》』巻一八)にみえる山城国山崎駅は、現在の京都府大山崎町に想定されるが、当駅は、弘仁四年(八一三)に嵯峨天皇によって行宮《あんぐう》とされ、山崎離宮と称していた。これは後に、河陽《かや》離宮と呼ばれるようになったが、さらに貞観三年(八六一)には、山城国府に転用された。しかし、山崎駅の名は『延喜式』にもみえ、駅の機能は同地において継続していたと考えられる。

延喜八年(九〇八)に、山城国が離宮を請預《せいよ》した際の太政官符(『朝野群載《ちようやぐんさい》』巻四)によれば、五間瓦葺殿一宇、六間殿一宇、十間屋一宇、三間楼一宇があった。図11は、この資料をもとにして、高橋氏が想定した山崎駅の平面図である。これによれば、五間瓦葺殿を正殿とでもいうべき中心的な建物と考え、六間殿を後殿、十間屋を東脇殿的な建物としている。また三間楼を駅楼《えきろう》としているが、菅原道真の漢詩にも、河陽駅（山崎駅）の「駅楼」で、手を執って別れを惜しんだことが見える（『菅家文草《かんけぶんそう》』巻三）。高橋氏は、このような楼閣建築が、文献資料によって、山陽道の播磨国明石駅や、長門国臨門駅などにも存

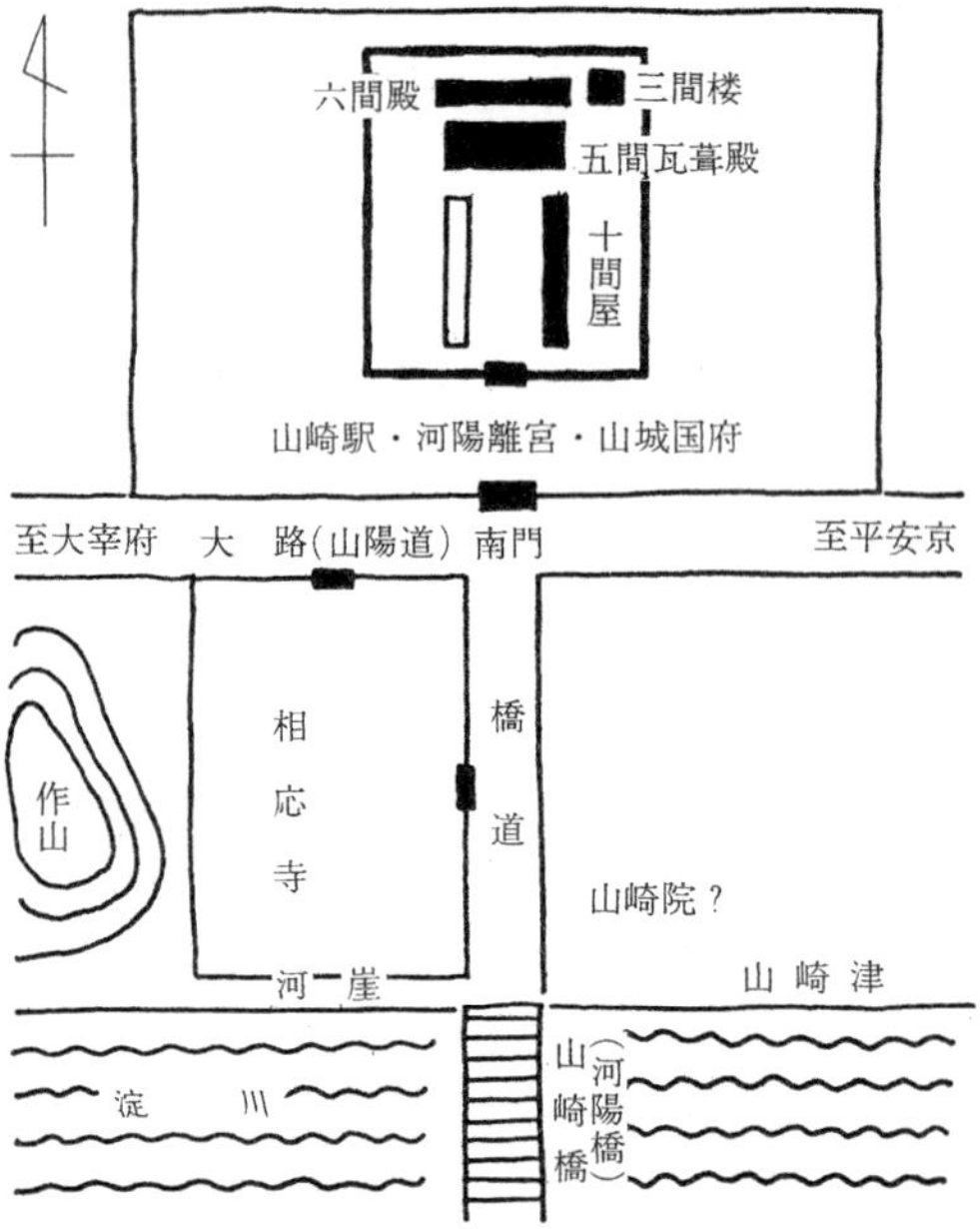

図11　山崎駅・山崎橋位置関係想定図
（高橋美久二『古代交通の考古地理』大明堂，1995年，160頁より）

在したことがうかがえることから、蕃客《ばんきゃく》（外国からの使節）に対する配慮であったと考えている。しかし、『菅家文草』巻三「行春詞」には、「駅亭の楼上三通の鼓」とあり、この駅家は、南海道讃岐国の河内駅に比定されているので、蕃客説は成立しないであろう。また、楼の性格は鼓楼で、駅使の一行が見えると、太鼓を叩いて知らせたのであろう。中国江蘇《こうそ》省高郵《こうゆう》市には明《みん》代の駅舎が残っているが、ここにも門の横に鼓楼がある。たしかに駅家が宴会の場としても機能する場合があったことは、『万葉集』によって、越中国射水《いみず》郡駅館や筑前国蘆城《あしき》駅の例が知られ、そういう場合に眺望のよい駅楼が利用されたことは、十分に考えられる。しかし、そういった使われ方は二次的なもので、本来駅楼は、駅使の到着を知らせたり、敵勢や通行者を監視するための施設だったのではないだろうか。したがって、高橋氏の復原図は、大むね妥当と考えられるが、楼の位置は、駅路に近い前面にもってくるのが適当であろう。口絵に掲げた大山崎町歴史資料館の復原模型においても、楼は東脇殿の前に置いている（古閑正浩「古代山崎の模型復元」『大山崎歴史資料館館報』創刊号、一九九五年）。

また、先の延喜八年の太政官符でみた建物は、同資料では「離宮院」の建物としてあげられているが、高橋氏は、駅館《やっかん》院と称していた一画がそのまま離宮院と呼ばれるようになったのではないかとして、それらは築地《ついじ》や柵によって囲まれていたとみている。そして、仁治二年（一二四一）の「筑後国交替実録帳《こうたいじつろくちょう》」に、無実（すでに失われてしまったもの）として「駅館一院四面築垣」とあることから、駅家のなかで駅館と呼ばれる一画は、院を構

駅雑舎			出典
屋	倉	その他	
			『万葉集』巻18，4065
真屋1宇 東屋1宇	板倉2宇 甲倉1宇		『平安遺文』巻1，1『太政官牒』
屋　4宇	倉　1宇		『類聚三代格』巻1　神郡雑務事
屋　2宇	倉　8宇		『続日本後紀』承和8年　閏9月14日条
			『菅家文草』巻3
			『菅家文草』巻3
			『朝野群載』巻4　朝儀上
			『和名類聚抄』巻10
			『鎌倉遺文』巻8，5876「筑後国交替実録帳」

表　史料にみえる駅家の建物

	駅館院				
	主　屋	副　屋	側　屋	楼	その他
越中国射水郡 天平20（748）	駅館の屋				
摂津国西成郡 延暦2（783）					
伊勢国度会郡 弘仁8（817）					
河内国丹比郡 承和8（841）					
山城国山崎駅 仁和3（887）				駅　楼	
播磨国明石駅 仁和3（887）				駅　楼	
山城国河陽宮 延喜8（908）	五間瓦葺 殿1宇	六間殿 1宇	十間屋 1宇	三間楼 1宇	
長門国臨門駅 承平5（935）頃				臨海楼	
筑後国駅館 仁治2（1241）	寝殿1宇 三間				四面築垣 鳥居1基

注　高橋美久二『古代交通の考古地理』大明堂，1994年，164頁より．

成し四面を築垣で囲まれていたとする。ただし、最近永田英明氏は、同帳の書式を検討して、この「駅館一院」は、駅家の構成要素ではなく、国府院を構成する施設であるとした（「駅家の成立に関する試論」『東北大学附属図書館研究年報』三一・三二、一九九九年）。さらに高橋氏は、延暦元年（七八二）の太政官符（『類聚三代格《るいじゅうさんだいきゃく》』巻一八）に諸使の剋外増乗《こくがいぞうじょう》（駅鈴《えきれい》や伝符《でんぷ》には、利用できる馬の数を示した剋《きざ》みがあったが、それを越えて馬を利用すること）をいましめるため、郡家と駅門に告示したとあることから、一般的に駅には駅門があり、したがってそれに取り付く柵や塀あるいは築垣の存在を想定している。

ところで、表1は高橋氏によってまとめられた史料にみえる全国の駅家の建物であるが、これによると、駅家には駅館院だけではなく、屋とか倉の呼び方であらわされる雑舎群《ぞうしゃ》が存在することがわかる。それらの機能について高橋氏は、駅の実務をとる建物や、駅の基本財源であった駅田からの収穫を収める倉庫群、馬の厩舎などからなる建物群であろうとしている。以上のように、高橋氏の研究によれば、駅は大きく駅館群と駅雑舎群との二つの領域から成り立っていたことになる。

考古学からみた駅家

現在のところ考古学による発掘調査の結果、最も駅家の遺構であることが確実なのは、播磨国布勢《ふせ》駅に比定される兵庫県龍野《たつの》市の小犬丸遺跡であり、播磨国野磨《やま》駅に比定される兵庫県上郡町《かみごおりちょう》の落地《おろち》・ハタ坪遺跡も、その可能性が非常に高い。ここでは、まず後者の例からみていくことにしよう。

落地・ハタ坪遺跡は、上郡町教育委員会によって、平成三年（一九九一）に発掘調査され、推定山陽道に沿って、整然とした掘立柱建物群が見つかったものである（荻能幸「落地遺跡発掘調査概報」『古代交通研究』創刊号、一九九二年）。東西三〇メートル、南北二三メートルの方形の柵列で囲まれたなかに、正殿と両脇殿とからなるコの字型の官衙《かんが》的な建物を配置しており、これらが駅館院と考えられる。一方、東側にも柵列や若干の建物群がみられ、こちらが雑舎群であろう。

また、前面には幅約一〇メートルの推定山陽道もみつかっているが、ここでは、東北から西南の方向に通っており、建物群もほぼこれと同方位を示している。したがって、建物群と道路との密接な関係がうかがえる。さらに、この想定駅路は、門の前で幅が一五〜一六メートルに広がっており、その部分は、一種広場のような機能をもっていたと推察される。そして、門は八脚《はっきゃく》門で、駅館院の規模に対して、ずいぶん大きく立派な感がある。先にみた延暦

図12　落地遺跡遺構配置図
(荻能幸「兵庫県落地遺跡」『季刊考古学』46，79頁より)

元年の太政官符の駅門の記事からも、駅家において門というものが、かなり意味をもっていたのではないかと考えられる。

なお、出土遺物は須恵器が主で、年代的には七世紀後半から八世紀前半にわたり、掘立柱建物群には建て替えが少ない。先述したように、山陽道の駅家は、蕃客に備えて、八世紀半ばごろから瓦葺《かわらぶき》にしている。落地・ハタ坪遺跡から東北に約三〇〇メートルの地点には、国府系瓦を出土する落地・飯坂遺跡（旧称落地廃寺）があり、同遺跡は寺院ではなく駅家とみられている。したがって野磨駅は、瓦葺になった際、若干位置を東北に移動したのであろう。

小犬丸遺跡

小犬丸遺跡は、野磨駅の二つ東側の布勢駅に比定される（『布勢駅家Ⅰ』龍野市教育委員会、一九九二年。『布勢駅家Ⅱ』龍野市教育委員会、一九九四年）。「布勢駅戸主□部乙公戸参拾人……」と書かれた木簡《もっかん》や、「駅」「布勢井辺家」と記された墨書《ぼくしょ》土器が出土したことなどから、最も駅家であることの確実性が高い遺跡である。遺構は、一辺約八〇メートルの方形の瓦葺築地で区画され、そのなかに七棟の礎石瓦葺建物群が確認されている。これらは、採取された白土や、瓦に付着した丹から、白壁赤塗りの壮麗なものであったことが判明し、大同元年（八〇六）の勅の「瓦葺粉壁《がしゆうふんぺき》」という言葉や、天平宝

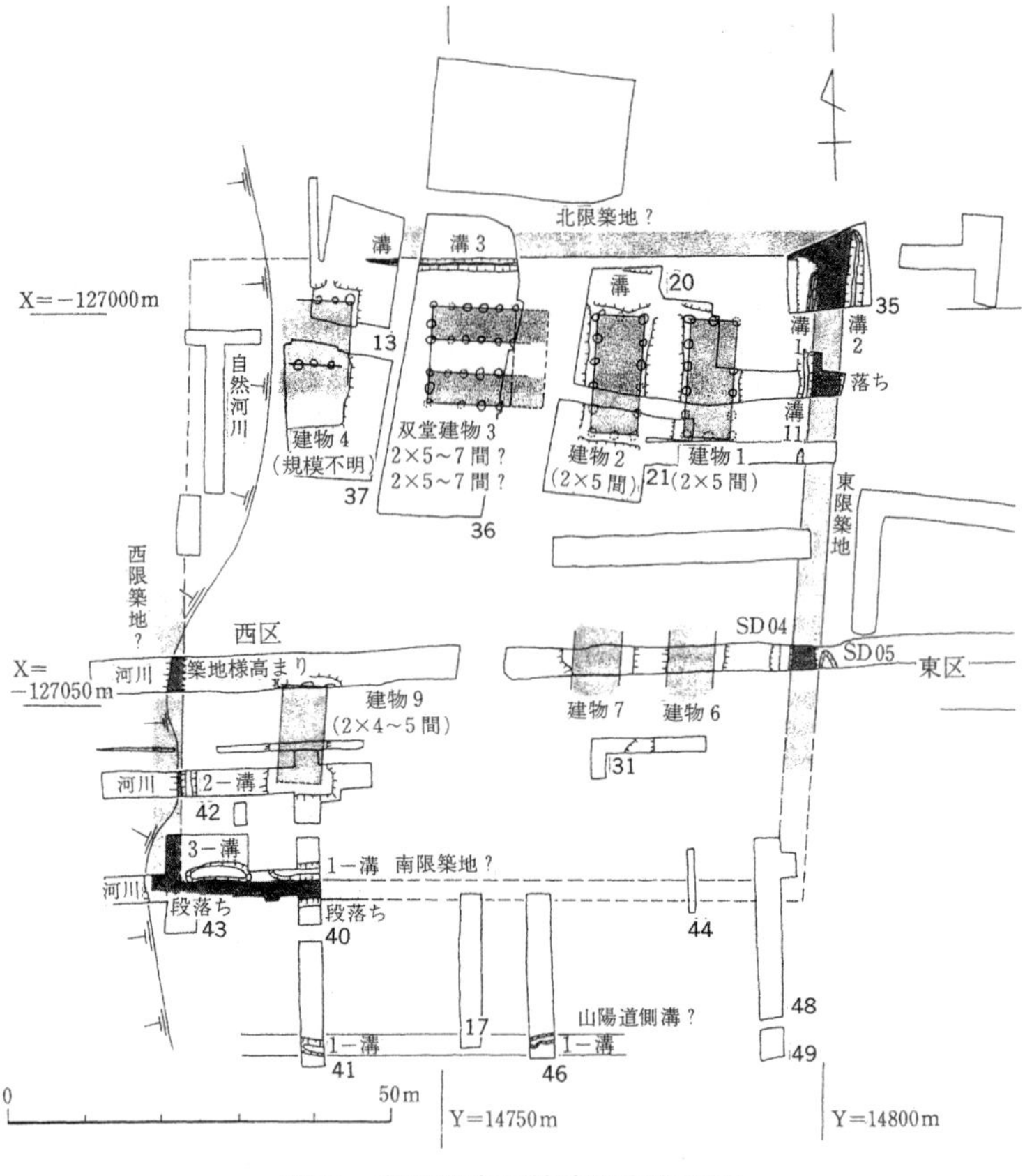

図13　布勢駅家駅館院推定復原図
（『布勢駅家II』龍野市教育委員会，1994年，110頁より）

字四～六年（七六〇～六二）ごろに成立した『家伝《かでん》』のなかに、藤原武智麻呂《ふじわらのむちまろ》の神亀年間（七二四～二九）の業績として「京邑《みやこ》及び諸《もろもろの》駅家」を「瓦屋赭堊《あかつちしらつち》」にしたという記載と対応する。

なお、瓦葺駅館院の年代は、八世紀後半から一一世紀ごろまでにわたるが、瓦葺になる以前の掘立柱建物も一部検出されており、七世紀後半から八世紀前半のものとみられている。また、駅館院の東方約一〇〇㍍の地点では、幅約七㍍の推定山陽道も検出されている（『小犬丸遺跡II』兵庫県教育委員会、一九八九年）。

ところで、平成九年（一九九七）の兵庫県教育委員会による発掘調査において、小犬丸遺跡駅館院の西約七〇〇㍍の推定山陽道沿いに、白鳳《はくほう》寺院が発見された（「小犬丸遺跡現地説明会資料」兵庫県教育委員会、一九九七年）。先述した天武天皇一四年（六八五）の「諸国家毎に……」の詔は、基本的に郡寺のことを指しているとみられるが、駅長に任命されていたような在地有力者のなかには、これを受けて、駅家に付属するような寺院を建立する者もあったかもしれない。また、やや時代は下るが、『熊倉系図』には、円仁《えんにん》の父は、下野国三鴨駅の駅長であって、約四㌔北に位置する大慈寺の厳堂を建立したという記載がある（佐伯有清『円仁』吉川弘文館、一九八九年）。大慈寺については、発掘調査はおこなわれていないが、出土瓦の検討から、奈良時代の創建と考えられている（『栃木県史　通史編二・古代二』栃木県、一九八〇年）。このような駅家と寺院の関係も、今後の検討課題であろう。

古代駅路と立石

肥後国高原駅想定地の立石

「立石《たていし》」という地名を、古代の道路と関連づけて取り上げた論文は、木下良氏の「『立石』考――古駅跡の想定に関して――」（『諫早史談』八、一九七六年）である。木下氏は、この論文のなかで、立石には、縄文時代の石棒や、自然に存在する石を指す場合などさまざまな例があるが、そのなかには、駅家に関連するものや、駅路の渡河点に位置するものもあるとして、つぎのような事例を取り上げている。

まず、熊本市改寄《あらき》町立石に存在する立石は、先に肥後国高原駅の想定地としてのべたものである。駅跡とみなされる方形地割のなかに、阿蘇の熔岩である玄武《げんぶ》岩を柱状節理《ちゅうじょうせつり》に

図14　熊本市改寄町の立石

従って切り出した、高さ約二メートルの自然石が立っており、とくに碑文などはない。当地は、火山灰の堆積によって形成された台地で、本来、玄武岩は存在しないから、他所《よそ》から運んできて建てたとみられる。享保一三年（一七二八）に成立した地誌である『肥後国誌』には「貞観二年五月五日合志《かわし》郡ヲ割テ山本郡ヲ置レシ時其《その》来由ヲ碑銘ニ彫刻シ建テタル故ニ立石村ト云（此村飽田《あきた》合志山本三郡ノ界ニシテ今飽田郡ニ属ス）其後故アリテ此石ハ合志郡上生《わぶ》村ニ移セリ其所以《ゆえん》ハ上生村ノ条ニ審《つまびら》カナリ」と記している。上生村の条によれば、天文（一五三二〜五五）のころ、上生にいた大力の者が、立石から持ち去って上生に置くようになったとされたおり、「銘文消歇《しょうけつ》ス」とあって、『肥後国誌』が書かれた当時、すでに文字が読めなくなっていたという。

　ところで、持ち去られたはずの立石が、改寄町に現存するということは、後に別に建てたか、最初から二本あったかということになろう。また、山本郡の建置は、実際には貞観元年（八五九）五月四日のことなので、右の伝承には問題が多いが、分郡のことを記銘した碑を建てたものとしては、上野国多胡《たご》郡の多胡碑の例があり、十分にあり得ることである。また、立石が郡家の地ではなく、郡界に建てられたということは、そこが諸人通行の地であったからといえよう。

もっとも先述したように、鶴嶋氏は地割の検討などから、立石は、あくまで郡界を示すための構築物であり、高原駅については、西方の植木町植木に想定している（鶴嶋前掲論文）。

東京都葛飾区の立石

東京都葛飾区は、古代には下総国葛飾郡に属していたが、そのほぼ中央を曲流している中川の右岸に、立石の地名がある。この地名は、すでに応永五年（一三九八）の「葛西御厨《みくりや》田数注文写」（櫟木《いちき》文書）にみえるが、その由来については、文政一一年（一八二八）に成立した『新編武蔵風土記稿』に「立石村は村内熊野神社の神体立石なるより起れる村名なりと土人伝へり」とある。さらに同書は、熊野神社付近の稲荷社の立石についても「立石稲荷と号す、これも神体石にて直径二尺許《ばかり》、高さ一尺程下は土中に埋《うま》り、其形状牛に似たり」と記し、さらに山王社の末社疱瘡神《ほうそうがみ》の神体石についてものべている。

このうち最も著名なのは、立石稲荷の石で、現在は石柵をめぐらしたなかに、長方形約五五×約二七チセンあまりの石が、地表から二、三チセンほど露出しているにすぎない。その石の深さは計り知れないとされ、かつて立石の根底をさぐろうと、村民が数日間にわたって地下を掘り下げたが、いくら掘っても限りがなく、村内に疫病が流行したので、その祟《たた》りではないかと恐れをなしてとりやめ、以来「立石の霊石」として奉祀《ほうし》したと伝える。

木下氏は、当地が荒川の旧河道である中川の流域にあたる低湿な三角洲《さんかくす》で、このような巨石が自然には存在しないことをのべていたが、その後、谷口榮氏は、立石の石質が房州石といわれる東京湾南岸で産するもので、古墳の石室を築くための石材として運ばれたものが、のちに道標に転用されたのではないかと推測している（『立石遺跡』葛飾区遺跡調査会、一九八九年）。

ところで木下氏は、武蔵野台地が最も東に張り出した付近の東方から、下総国府が位置する下総台地付近まで、沖積低地を最短距離で横断する直線道の存在を指摘し、これを東海道駅路に比定した。同様の見解は、すでに吉田東伍もとっていた（『大日本地名辞書』六・板東、冨山房、一九〇三年）が、この想定駅路が中川と交叉《こうさ》する付近が立石の地であった。したがって木下氏は、立石を下総国の井上《いかみ》駅の所在を示すものか、中川の渡河点を標示するものかとしていた。ところが、その後、千葉県市川市の国府台《こうのだい》遺跡から「井上」と記した墨書土器が出土し（山路直充「下総国井上駅の所在」『古代交通研究』五、一九九六年）、井上駅は国府の付属駅であった可能性が高まった。したがって立石は、駅路の渡河点を標示するものとなろう。先に紹介した、立石を掘ることによって疫病が流行したという伝承も、公権力によって設置された標石が、これを除去したり毀損《きそん》することを禁忌とすることになって、後世に伝えられたと考えられる。

このほかにも木下氏は、先述した論文やその後の研究によって、全国的にかなりの数の、駅家や駅路に関係すると思われる立石地名の存在を指摘している。

同時代資料にあらわされた立石

木下氏のユニークな研究によって、立石のなかに、古代にまでさかのぼるものがあることは、ほぼ確実になったが、ただ一つの難点は、同時代の資料に立石と記されているものがなかったことである。

ところで筆者は『和名抄《わみょうしょう》』（『和名類聚抄』）に、筑前国下座《しもつあさくら》郡立石郷があることに気がついた。現在の福岡県甘木《あまぎ》市立石付近に比定され、地名の由来は、同地の石ノ橋に存する立石神社に祀られている高さ約一・二メートル、幅約一メートルの神体石によるとする。同神社の前面を西北から東南へ直線的に走る朝倉街道は、おおよそ大宰府から豊後国府へ向かう駅路の路線と重なることが指摘されていた（高橋誠一「筑前国」藤岡謙二郎編『古代日本の交通路Ⅳ』大明堂、一九七九年）が、このことはその後、筑紫野市の岡田地区遺跡群で、このラインに連なるような方向で、幅約一二メートルの道路状遺構が検出された（『岡田地区遺跡群』II、筑紫野市教育委員会、一九九八年）ことで、ほぼ確実になった。したがって、立石は、駅路に関係するものである可能性が高い。もっとも、この石は、もともと来春《らいは》地区にあった礼拝橋のものを移したという伝承もあり、『和名抄』にみえる立石郷を、ストレートにこの立石と結びつけてよいかは、なお慎重な検討を必要とするが、少なくとも平安時代に、立石と呼ばれていたものが存在したことは確実である。

　また昭和六一年（一九八六）に、兵庫県日高町の深田遺跡で、つぎのような木簡が出土したことは注目される（吉識雅仁・甲斐昭光「兵庫・但馬国府推定地」『木簡研究』九、一九八七年）。

　九条五石立里廿三桑原墾田百廿八歩従此南方高生郷采女部男庭之墾

内容は、墾田《こんでん》の文書作成のためのカードの木簡とされる（今泉隆雄「深田遺跡」、木簡学会編『日本古代木簡選』岩波書店、一九九〇年）が、このなかに「石立里」の地名がみられる。石立《いしだち》村は、明治九年（一八七六）まで存在した地名で、深田遺跡より南西に約一キロの、但馬《たじま》国府の推定地の一つである祢布《にょう》が森遺跡と国分寺にはさまれた地区にあたる（加賀見省一「但馬国分寺跡」条里制研究会編『空から見た古代遺跡と条里』大明堂、一九九七年）。木簡の年代は、伴出《はんしゅつ》したほかの木簡の年紀や土器から、弘仁四年（八一三）以降の九世紀前半とされる。「立石」がしばしば「石立」とひっくりかえる場合もあったことは、たとえば先述した肥前国新分駅に関係すると思われる立石が、地元では「石立様」と呼ばれていることでもうかがえる。したがって、九世紀前半以前には、立石が存在したことは確実であるが、残念ながら現在、立石そのものの所在は不明である。しかし、石立里の比定地付近は駅路の通過地にあたり、延暦二三年（八〇四）以降の国府に近接していたとみなされる高田駅もこの付近に存在していたと考えられるので、石立の地名は、駅路や駅家にかかわるものであった可能性がある。

なお、八世紀中葉のものとされる「額田《ぬかた》寺伽藍並《ならびに》条里図」にも、立石状のものが三ヵ所描かれており、そのうちの二つには「石柱寺立」、一つに「石柱立」の文字が添えられている。山口英男氏はこれについて、寺領と非寺領の境を示すために設置されたものとしており（金田章裕・石上英一・鎌田元一・栄原永遠男編『日本古代荘園図』東京大学出版会、一九九六年）、交通路に直接関係するものではないようであるが、当時、石を立てる風習があったことを確認できる点で重要である。

それでは、つぎに考古学による立石の発掘調査についてみていくことにする。

発掘された立石

石川県松任《まっとう》市石立町の立石「石ノ木塚」は、中心石をめぐって東西南北に四本の立石が廻るという特異な形態をとっている。この立石については、すでに正応四年（一二九一）の「遊行上人縁起絵《ゆぎょうしょうにん》」にその地名がみえ、中世はじめまでさかのぼることは確実である。地元には、浦島太郎伝説や弁慶の手形伝説がある。

平成五年（一九九三）に、松任市教育委員会が発掘調査をおこなった（木田清「石川県松任市石立町の立石『石ノ木塚』の調査について」『古代交通研究』四、一九九五年）。そして、中心石建立時の地表付近もしくは地表下一〇《セン》《チ》から出土した土器などによって、一〇世紀後半から一一世紀ごろに、立石が建てられたのではないかとした。

立石の性格について木田清氏は、『延喜式』にみえる「比楽湊《ひらかみなと》」に関連するものである可能性が高いとし、また『延喜式』の比楽駅との関係も示唆している。一般的には、一〇世紀前半ごろに駅制は崩壊していくので、この立石が駅家や駅路と直接関係するかどうかは不明であるが、立石が古代までさかのぼることを考古学的に証明した点において、大変重要である。

また、佐賀県吉野ヶ里《よしのがり》遺跡で調査された駅路の切通《きりどおし》の頂上部にも、高さ約一・五メートル、厚さ約〇・四メートルの立石が存在することを木下氏が指摘していた（木下良・木田清「『立石』考―石ノ木塚の調査と保存に関して―」『石川考古』二二四、一九九四年）が、その基部には、一三世紀の遺物を出土した土壙《どこう》があり、立石の時期がわかる（小松譲「佐賀平野の古代道路」『佐賀県における古代官衙遺跡の調査』佐賀考古談話会、一九九七年）。

以上のように、現在のところ、考古学による発掘調査においては、駅制が機能していた時期まで確実にさかのぼる立石の例は、まだみつかっていないが、その可能性は十分あると考えられ、今後の調査に期待したい。

マイルストン

これまで立石について、歴史地理学・文献史学・考古学の立場からそれぞれみてきたが、ここで古代ローマ帝国に目を向けて、日本の立石とよく似た存在であるマイルストンについて、藤原武氏の著書『ローマの道の物語』（原書房、一九八五年）によりながら、みていきたい。

ローマ道において、一マイルごとに設置された道標がマイルストンである。今日用いられるイングリッシュ・マイルは、一六〇九メートルであるが、古代ローマの一マイルは、一四八一・五メートルであった。ローマ道には、すべてマイルストンが立っていたわけではなく、また必ずしも一マイルごとに立っていたともかぎらなかったようであるが、仮にローマ道の主要幹線道の八万六〇〇〇キロについて、そのすべてに一マイルごとにマイルストンを立てたとすると、それだけで、およそ五万八〇〇〇本のマイルストンが立っていることになる。今なお新しいマイルストンの発見が各地でつづいているが、現在残っているマイルストンの数は、約八〇〇〇本といわれている。

マイルストンの形状は、円筒形が一般的であるが、断面が楕円形や平行六面体のものもあり、また上へ行くほど先細りになるものもある。直径は五〇～八〇センチ、高さは二～四メートル程度で、その寸法には、特定の決まりがあったわけではないようである。石質は石灰岩・砂岩・花崗岩・玄武岩でできたものが多かった。

マイルストンの提供する情報のうち、大きな価値をもつのが、そこに刻みつけられた文字である。それは道の起終点や、道に沿う主要な都市名、そこまでの距離、また皇帝の名や道路の建設者・修復者の名などが記されていた。

マイルストンと立石とはよく似た存在であるが、この点が大きく異なり、立石の場合は、通常何の文字も刻まれていない。マイルストンの文字や数字が、ローマ道やローマ帝国の研究に大きく寄与したことを考えると、日本の立石に文字がないのは残念である。

信仰の対象としての立石

ここまで立石について、道標としての視点からみてきたが、一方で立石は、信仰の対象にもなっていたと考えられる。たとえば、先に紹介した佐賀県の吉野ヶ里遺跡内の、駅路の切通部分に存在する立石は、地元では「九千部《くせんぶ》さん」と呼ばれている。九千部山とは、吉野ヶ里遺跡の東北約一二キロの、福岡・佐賀県境にそびえる標高八四七・五メートルの山で、古来霊山としてあがめられた。したがって、駅路を行く旅人は、吉野ヶ里遺跡の立石を通して、九千部山を拝したのではないだろうか。

同様の例として次章で述べるように、長崎県の島原半島を横断する想定駅路に沿って、自然石が林立している場所がある。ここは、現在の国見町平石というところであるが、高来《たかく》郡家への連絡路や、雲仙《うんぜん》へ向かう駅路との十字路にもなる地点で、ここから雲仙の山の神を拝した可能性が高い。

古代人にとって、石とは単なる物体ではなく、神の依代《よりしろ》・媒体であった。すなわち、立石は、道標としての即物的・実用的な意味と、信仰物としての意味の両方をかねそなえていると考えられる。ところで、このような両面性は、実は古代のみならず、たとえば近世の道標についても同様なのである。すなわち、近世の道標の場合、それが単独で存在する場合はむしろ少なく、お地蔵様の台座に刻まれていたり、庚申《こうしん》塔の側面に刻まれていたりする方が一般的である。山本光正氏は、こういった形態を「併用道標」と呼んでいる（「近世及び近現代における道標の成立と展開」『国立歴史民俗博物館研究報告』三二、一九九一年）が、古代の立石は、その走りといえるかもしれない。

東と西の古代駅路

東山道武蔵路

本章では、具体的な駅路の復原事例として、東山道武蔵路と、西海道の肥前国彼杵《そのぎ》・高来《たかく》両郡の古代駅路について取り上げてみたい。

武蔵国所属替えの記事

筆者は、平成四年（一九九二）に、東山道武蔵路についての論文を発表した（「宝亀二年以前の東山道武蔵路について」『古代交通研究』創刊号、一九九二年。以下旧稿と称す）が、その後、平成七年に、東京都国分寺市の旧鉄道学園内の発掘調査によって、幅約一二メートルの直線道路が三四〇メートルにわたって検出された（口絵参照）。その壮大な遺構は、研究者のみではなく、広く一般市民の関心を集め、保存運動が巻き起こって、遊歩道としての保存活用が決定したことは、記憶に新しいところである（早川泉「古代道の保存・保

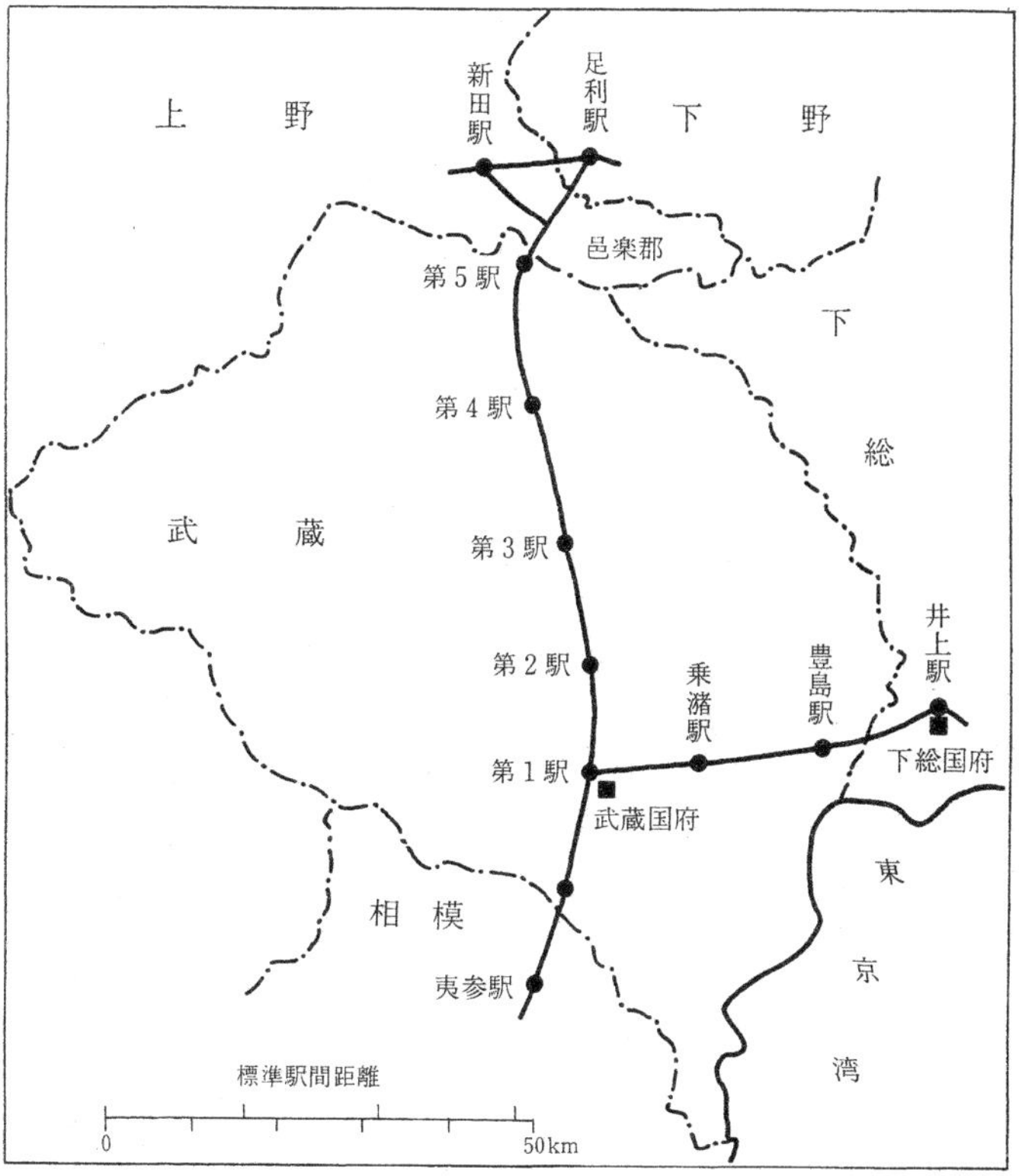

図15　東山道武蔵路概念図

護」『考古学ジャーナル』四四九、一九九九年)。

東山道武蔵路とは、宝亀二年(七七一)に武蔵国が、東山道から東海道へと所属替えになる以前まで存在した駅路で、上野国新田駅から南下して武蔵国府へいたり、ふたたび同じ道を利根川付近まで北上した後、下野国足利駅へ向かうもので、この間に五つの駅家《うまや》が存在した。現在の研究では、ほぼこのようなルートとして確定しているが、かつてはさまざまな説が存在した。それは、東山道武蔵路に関する以下のような二つの資料についての解釈の違いによるものである。

Ⓐ『続日本紀《しょくにほんぎ》』神護景雲二年(七六八)三月乙巳朔条。

是より先、東海道巡察使式部大輔《しきぶだいふ》従五位下紀《き》朝臣広名《ひろな》ら言《もう》さく。(中略)また、下総国井上《いかみ》・浮島《うきしま》・河曲《かわわ》の三駅、武蔵国乗潴《あまぬま》・豊島《としま》の二駅、山海の両路を承けて使命繁多なり。乞《こ》うらくは、中路に准じて馬十匹を置かんと。勅を奉るに奏に依れ。

Ⓑ『続日本紀』宝亀二年(七七一)一〇月己卯(二七日)条。

太政官奏す。武蔵国は山道に属すと雖《いえど》も、兼ねて海道を承く。公使繁多にして祗供《しく》堪え難し。其の東山の駅路は上野国新田駅より下野国足利駅に達す。此れ便道なり。而《しか》るに枉《ま》げて上野国邑楽《おうら》郡より五ヶ駅を経て武蔵国に到り、事畢《おわ》って去る日、又同道を取りて下野国に向う。今東海道は相模国夷参《いさま》駅より下総国に達す。その間四駅にして往還便近なり。而るに此を去り彼に就くこと損害極めて多し。臣等商量するに東山道を改めて東海道に属せば、公私所を得て人馬息することとあらんと。奏可す。

以上の両記事をめぐって諸説があったが、問題点は、大きく二点に絞られる。一つは、Ⓐの五駅（下総国井上・浮島・河曲、武蔵国乗潴・豊島駅）が、Ⓑの五ヶ駅と同じものを指すかどうかということであり、もう一つは、Ⓑの五ヶ駅が固有の駅名か五ヶ所の駅数かということである。木下良氏は、諸説を検討して、Ⓐの五駅とⒷの五ヶ駅は異なり、Ⓑの五ヶ駅は、固有名詞ではなく、駅数であると解した（「上野・下野両国と武蔵国における古代東山道駅伝路の再検討」『栃木史学』四、一九九〇年）。

すなわち、第一点については、Ⓐの五駅とⒷの五ヶ駅を同じものと考えると、Ⓐの五駅のうち、下総国井上・浮島・河曲駅は、『延喜式』にも存在して、井上駅は一〇匹、浮島・河曲駅は五匹ずつの駅馬を設置しているので、同一路線上で駅馬数が異なることになって不自然である。『延喜式』当時の浮島・河曲駅は、駅馬数から考えて、下総国府で東海道本道と分かれて上総国府へ向かう東海道支路にあった駅とみなすべきである。

第二点の五ヶ駅を固有の駅名とみるか、駅数と解するかについては、前説の論者は駅数の場合は「五駅」とあるべきで、また邑楽郡に「五箇」の地名も現存することをいうが、柏瀬順一氏が指摘するように、駅数のしめし方には箇を付す場合もあり（「上野国・下野国間における東山道の駅路の性格について―『続日本紀』宝亀二年十月二十七日条をめぐって―」『群馬文化』一九六、一九八四年）、「五箇」の地名は同地方に多い空閑地を意味する「ごかん」にちなむものであろう。さらに、五ヶ駅が邑楽郡にあるとすれば、「邑楽郡五ヶ駅より」とあるべきで、「邑楽郡より」とあることは、五ヶ駅は邑楽郡にはなかったことになる。

したがって、Ⓐの五駅とⒷの五ヶ駅とは異なり、Ⓑの五ヶ駅は、固有の駅名ではなく、駅数ということになろう。そこで、上野国新田駅から武蔵国府へ南下するルートが考えられるが、この間の距離は約八〇キロで、武蔵国府付近に一駅の存在を考慮して、これと上野国境との間に四駅を配すれば、平均して一六キロの標準駅間距離になる。

推定東山道武蔵路の発掘

武蔵国府は、東京都府中市に存在していたと考えられるが、その国庁の位置については、大国魂《おおくにたま》神社（総社六所宮）境内摂社の宮之咩《みやのめ》神社付近が有力視されている。そして、この国庁想定地の西方約一キロの府中市分梅町から、N2°Eの方位で北行する、両側溝間の心々距離一二メートルの古代道路状遺構が、国分寺市東恋ヶ窪まで、約四・五キロにわたって一直線に通っていることが、発掘調査によって断片的に確認され、東山道武蔵路にあたると考えられている。

途中、国分僧寺と尼寺の間を通過することになるが、とくに尼寺の中軸線は、推定東山道とほぼ方位を同じくすることが注目される。府中市美好町の発掘調査では、側溝が八世紀中ごろの二軒の竪穴《たてあな》住居跡に切られているので、東山道武蔵路が、宝亀二年（七七一）に廃止されたこととほぼ対応する（塚原二郎「武蔵国府と古代道路」『古代文化』四九―八、一九九七年）。また、先にふれた旧鉄道学園内の調査では、四時期の遺構が確認され、そのうち一時期目の側溝をともなうものが東山道武蔵路の遺構にあたるとみられるが、それが廃絶した後も、ほぼ同じ場所に道路が造られたことが判明した（『武蔵国分寺北方地区日影山遺跡・東山道武蔵路』西国分寺地区遺跡調査会、一九九九年）。さらに、国分寺市西恋ヶ窪の、東山道武蔵路が、低地部分を横切る地点では、砂礫《されき》層上面に粗朶《そだ》（葦や木の枝など植物の茎）を敷き、その上に径一〇～二〇センチの礫を敷きつめ、さらにその上に版築により土を積み上げるという興味深い工法がみられた（上村昌男「東京都国分寺市恋ヶ窪谷低地の道路遺構」『古代交通研究』九、一九九九年）。

国分寺市より北では、これまでのルートよりやや西に触れる方位で、小平市上水本町と小川町（古代学協会・古代学研究所東京支所編『平成一〇年度・東京都特別調査　道路遺構等確認調査報告書』東京都教育委員会、一九九九年）や、同市小川東町・東村山市本町・諏訪町においても遺構が確認されており（古代学協会・古代学研究所東京支所編『平成一一年度・東京都特別調査　道路遺構等確認調査報告書』東京都教育委員会、二〇〇〇年）、それらを結んで北へ延長すると、古代の多磨・入間郡界にあたる八国山丘陵の将軍塚西の鞍部《あんぶ》を越えることになる。そして、丘陵北側の、所沢市東《あずま》の上《うえ》遺跡で検出された道路状遺構（飯田充晴「埼玉県所沢市東の上遺跡」『日本考古学年報』四二、一九九一年）にほぼ連なる。当遺跡の道路の築造年代は、側溝内の土坑に人為的に埋納されたと見られる須恵器坏蓋・坏身などによって、七世紀第3四半期と考えられ、住居跡との切合関係から、八世紀中ごろで側溝が廃絶していることがわかる。さらに、同遺跡からは、馬の戯画が描かれた漆紙《うるしがみ》文書もみつかっていることから、この付近に、国府から数えて二番目の駅家があったのではないかとする解釈もある（平川南『よみがえる古代文書』岩波書店、一九九四年）。

堀兼道　所沢市から狭山市にかけて、堀兼道《ほりかねみち》と呼ばれる鎌倉街道の支道があり、その走行方向や直線性、部分的に二本の道が並行して帯状の地割をしめすことから、東山道武蔵路を踏襲した道とみなされている（木下前掲論文）。東の上遺跡（図16

（左下へつづく）

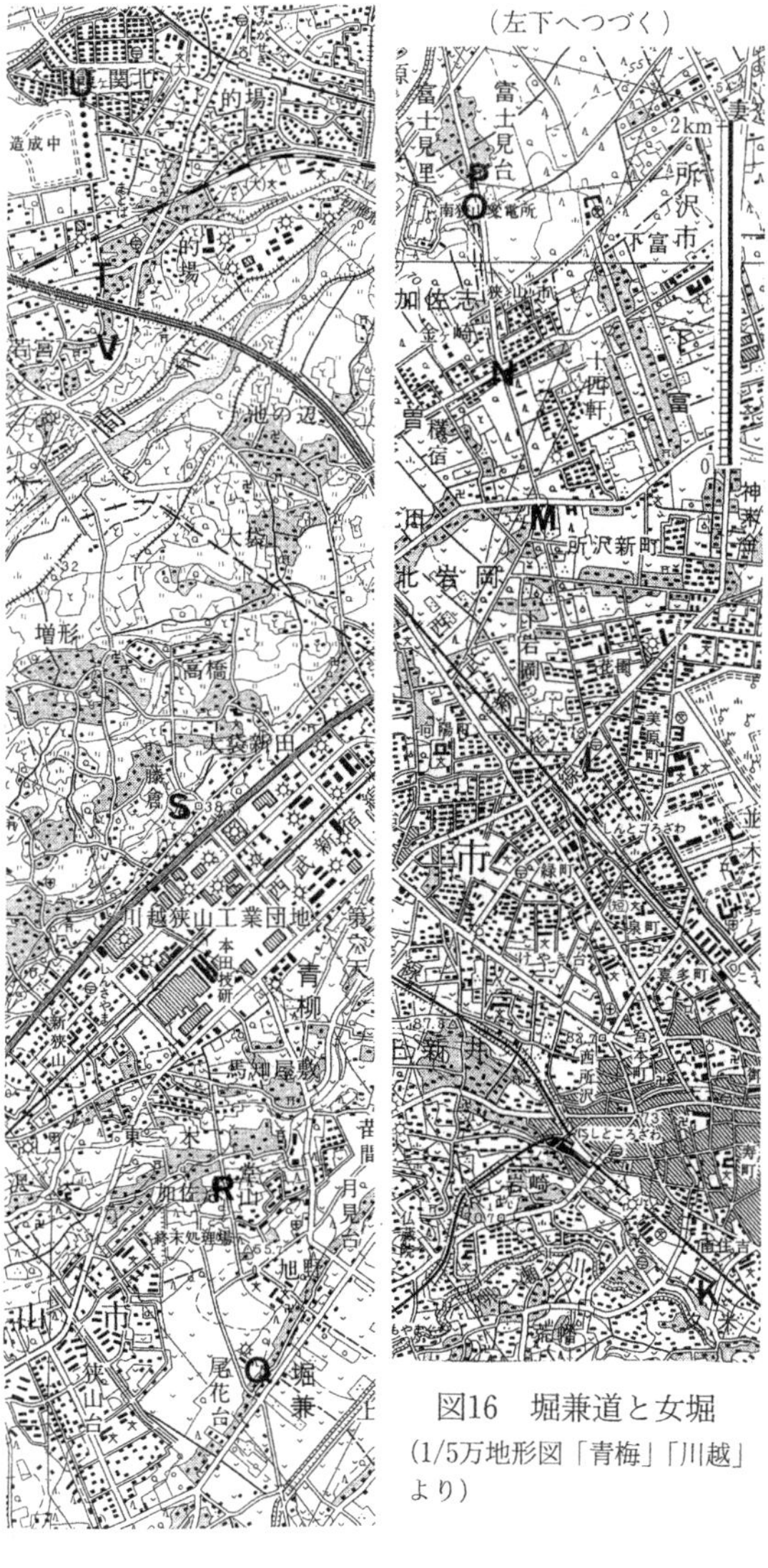

図16　堀兼道と女堀
（1/5万地形図「青梅」「川越」より）

図17　L点付近のソイル・マーク
(国土地理院1961年撮影，KT-61-5 C20-26より)

K）のほぼ延長線上にあたるが、空中写真の判読によれば、L点に、約一二メートル離れて並行する二本の黒い線がみえ、古代道路の側溝が、ソイル・マーク（土壌跡。空中写真から地下の遺構を知る指標の一つ）として浮かび上がっていると考えられる。なお、L点以北の堀兼道とは、微妙に方位を異にする。

さて、L点以北の堀兼道は、ほぼ直線的に通るが、このうちM―N間は、地形図に表現された道から西に約一八メートル離れて、もう一本直線的な現在道が併走しており、その二本の現在道の間こそが本来道路敷であったのが、後世逆転して、山林化したのではないだろうか。また、N―O間は、並行する二本の道のさらにまんなかを、所沢市と狭山市の境界線が走っているが、この境界線と、やはり両市の境界線になっている西側の現在道との間、すなわち所沢市が狭山市に細長く入り込んでいる部分が、幅約二〇メートル程度となるので、本来の道路敷であったと考えられるようである。なお、堀兼道に沿って『枕草子』（一六八段）などにみえ、歌枕として名高い「堀兼の井」（P）のような、まいまいず井戸（漏斗状の井戸）が存在することも注目される。さらに、埼玉県教育委員会による鎌倉街道の調査によれば、Q・R点にそれぞれ上幅一二・五メートル程度の、またS点に六・五～八メートル程度の大規模な掘割状道路遺構が存在する（『鎌倉街道上道』埼玉県政情報資料室、一九八三年）。これらは、鎌倉街道の主要道である上道の道路遺構よりも、むしろ規模が大きいようであるから、古代官道のそれであると推測される。

女　堀

さて、堀兼道は、S点から東に折れ、川越の市街地方面へ向かうが、これまでの直線をまっすぐ延長すると、微妙に方位を異にするものの、女堀と称する直線的な堀跡（T―U）に連なる。女堀は近年、宅地造成のため消滅してしまったが、事前に発掘調査がおこなわれ、四二〇㍍にわたって、上幅八～九㍍、底幅一～二㍍、深さ二・五㍍程度の長大な堀跡を検出した（『女堀II・東女堀原』埼玉県埋蔵文化財調査事業団、一九八七年）。注目すべきことは、この堀に沿う東側の土塁の下から、女堀と約一〇～一二㍍隔てて並行する小溝（五号・一三号溝）が発掘されていることである。五号溝と一三号溝は、その間が削平により消失しているが、本来つながっていたものと考えられる。したがって、この小溝は、もともと東山道の東側溝で、のちに西側の側溝を拡大して、女堀が成立したのではないだろうか。同様の例として、群馬県境町の牛堀が、本来一三㍍幅の古代道路の北側側溝を拡大して成立したケースをあげることができる（坂爪久純・小宮俊久「古代上野国における道路遺構について」『古代交通研究』創刊号、一九九二年）。また、これに連なる新田町の新田堀用水も、下原宿遺跡の調査で、その起源は、古代道の北側側溝の拡大によることが確実になった。

東山道武蔵路の経路について、筆者は旧稿において、以上のように推測していたが、その後、平成五年（一九九三）に、川越市遺跡調査会は、堀兼道と女堀を結んだラインが入間川とクロスした地点付近（V）で、「駅長」と墨書された八世紀前半の土師器坏を検出した（田中信「埼玉・八幡前・若宮遺跡」『木簡研究』一六、一九九四年）。したがって、入間川の渡河点に国府から数えて三番目の駅が存在した可能性が高くなったが、この地点は、先にのべた東の上遺跡から、ちょうど一六キロの標準駅間距離にあたる。

女堀以北については、東山道の痕跡をたどることはできないが、ほぼその延長線上に、入間郡寺に比定される勝呂《すぐろ》廃寺が位置し、付近では「路家」と書かれた墨書土器も出土している（『宮町遺跡』I・II、埼玉県埋蔵文化財調査事業団、一九九一年）。さらに、勝呂廃寺から北の推定東山道の経路については不明確であるが、熊谷市街地付近まで、おおよそ東松山市下野本から熊谷市岡を通る鎌倉街道のルートに踏襲されていると考える。

それにたいし、森田悌氏は、この区間について、筆者の想定駅路より西側を通る鎌倉街道の別路に注目して、これを東山道武蔵路を踏襲した道ではないかとした（「東山道武蔵支路」『信濃』四五―六、一九九三年）。しかし、先述したように、その後、八幡前・若宮遺跡で「駅長」の墨書土器が出土し、女堀が東山道武蔵路にかかわる遺構であることが確定的となったので、ほぼその延長線上に位置する勝呂廃寺が、駅路に近接して建てられたこともほぼ確実となった。したがって、森田氏説の坂戸市以南の部分は成立しがたい。森田氏は、その後の著書において、勝呂廃寺付近まで達した駅路が、直角に西に折れて氏の想定ラインにつながる代案を示した（『日本古代の駅伝と交通』岩田書院、二〇〇〇年）が、いかにも不自然である。たしかに筆者の想定駅路の越辺川・都幾川渡河点付近は、低湿地であるが、ここには源義家の渡河伝承もあり、駅路の経路からみて、やはりこの付近で渡河したのであろう。もちろん洪水などのときは迂回して、森田氏が示したルートを、バイパス的に使用したことはあり得たと考えられる。

奈良神社付近の推定東山道

さて、熊谷市街地以北は、ふたたびある程度具体的に、東山道武蔵路の道筋をたどることができる。まず、図18M点からN点にかけて、部分的に屈曲するものの、全体的に直線的な現在道が存在し、筆者はほぼこの道が東山道を踏襲したものとみなしたい。群馬県教育委員会による歴史の道の調査では、熊谷市石原の小字「植木」（O）について、東山道武蔵路関係の地名ではないかとしている（『東山道』群馬県教育委員会、一九八三年）。すなわち、天平宝字三年（七五九）六月二二日の官符に、東大寺普照法師の奏状によって、畿内七道諸国の駅路両辺にあまねく菓樹を植えることを指示し、また『延喜式』雑式に「凡《およ》そ諸国駅路に菓樹を植え、往還の人をして休息を得せしめ」とある菓樹植樹関係の地名とみるのである。『東山道』では、とくに具体的なルートの復原をおこなっていないが、筆者の小字地名の調査によれば、「植木」地名は、M—N道に接しており興味深い。

また、N点は、「御霊の渡し」と呼ばれ、古い荒川の渡河点であったと伝えるが、栗田竹雄の荒川旧流路の復原（「荒川中流の洪水について」『秩父自然科学博物館研究報告』九、一

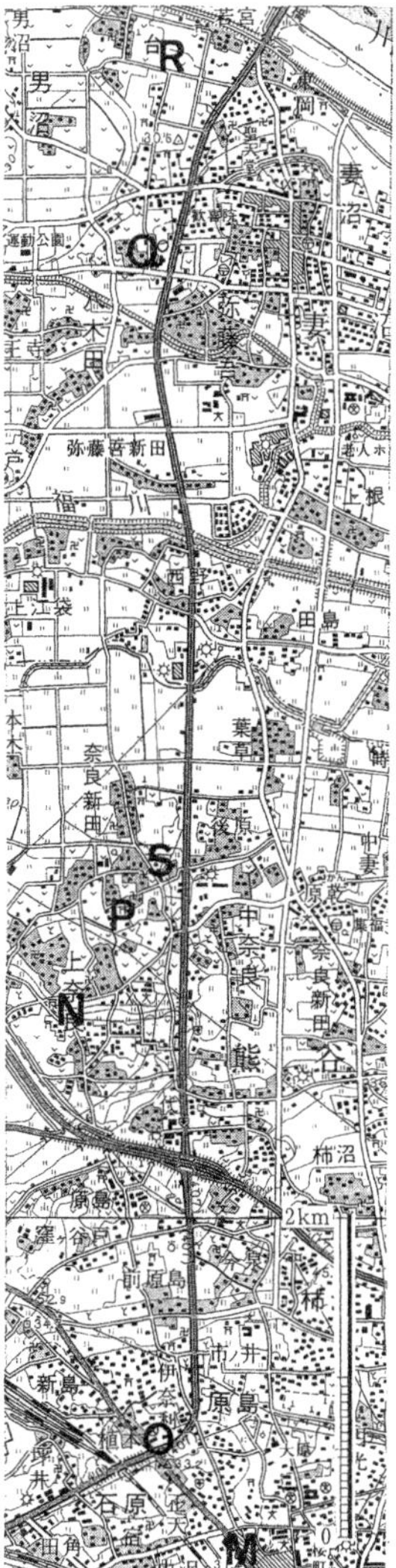

図18　奈良神社付近の推定東山道（五万分の一地形図「熊谷」「深谷」より）

九五九年）によれば、奈良時代から平安時代初期の荒川は、まさにここを流れていたことになる。さらに、P点は、幡羅《はら》郡の式内社奈良神社であるが、『日本文徳天皇実録』嘉祥三年（八五〇）五月丙申（一九日）条に「詔すらく、武蔵国奈良神を以て官社に列す。是より先、彼の国奏請《そうせい》すらく、古記を検するに、慶雲二年此の神光を放つこと火燧《かし》のごとし。然りその後、陸奥の夷虜《いりょ》反乱す。国控弦《こうげん》を発し、陸奥に赴救《ふきゅう》す。軍士此《こ》の神霊を戴き奉り以て撃つ。向かう所前なく、老弱行にも在りて死傷を免る」とあり、慶雲二年（七〇五）、奈良神が陸奥国の蝦夷反乱に際し、神威を発揚したことがわかる。したがって、奈良神社が推定東山道に近接することは、きわめて注目される。おそらく東山・東海道の連絡路としての機能をもったこの武蔵路の性格として、蝦夷征討と密接なかかわりがあると考えられるからである。なお、多賀城跡出土の大同四年（八〇九）銘の木簡により、幡羅郡より多賀城へ兵糧《ひょうろう》と思われる米が送られていることがわかる。

ところで、N点以北は、明瞭な道路痕跡をたどることはできないが、後述するQ—R道に、彎曲するようなかたちで接続しそうである。それでは、なぜ東山道は、熊谷・妻沼《めぬま》間を直線的に通らずに、西寄りに迂回することになったのであろうか。籠瀬良明氏によれば、この地は、西から展開する荒川新扇状地であるという（『自然堤防の諸類型』古今書院、一九九〇年）。熊谷・妻沼間を直線的に結ぶと、ほぼ扇端部近くを通ることになるのにたいし、M―N道は、扇央部を通過する。筆者は、下野国那須郡における東山道のルートについて考えた際、那須扇状地を通る駅路が、やはり扇端部を避けて、やや扇央部寄りに彎曲して通っていたと推定した（「下野国那須郡を中心とする古代交通路について」『歴史地理学』一四八、一九九〇年）。那須扇状地の場合は、扇状地を流れてきた川が下流ほど深く刻むので、それを避けるためと解釈したが、荒川新扇状地の場合は、下刻の深化は考えられない。しかし、扇端部付近で湛水することはあったのではないだろうか。この付近は、現在でも湧水地が多いが、先述した『文徳実録』嘉祥三年条には、奈良神社についての先ほどの記事につづけて、「和銅四年神社の中に忽《たちま》ち湧泉あり。自然に奔出し田六百余町を漑《そそ》ぐ」とあり、この湧泉跡は、S点に比定されている（菱沼勇『武蔵の古社』有峰書店新社、一九七二年）。このように筆者は、荒川新扇状地扇端の湧水地を避けて、駅路が西寄りに彎曲して設定されたと考えたい。

利根川渡河点付近の推定東山道

東山道武蔵路の利根川の渡河点については、その経路からみて、現在の妻沼町付近から渡ることになる。より具体的には、この付近には、かつて妻沼・男沼と称する二つの沼が存在した（図19参照）が、その間には、台と称する微高地が伸びており、その北側から渡河するのが対岸に最も近い。渡河点には、武蔵国府から数えて五番目の駅家があったと推測されるが、台には「早道場」（T）の小字地名や、土師器の散布も見られるので、駅家の想定地としてふさわしいであろう。

ところで、この微高地の中央（Q—R）を直線的で、大字界にもなっている現在道が通っており、駅路を踏襲するものではないかと考えられる。このラインを南に延長していけば、先述したM—N道とスムーズにつながりそうであり、反対に北の利根川の自然堤防上には、源頼朝が那須に巡行する際、祀ったと伝える若宮八幡宮（U）が存在する。そこからさらに北の、現在利根川の河川敷となった部分には、渡河点を思わせる「立帰《たちかえり》」の小字地名もあった。また、V・W・X点には、それぞれ神明神社（男体社）、白髪神社（女体社）、白山神社（両方の御旅所《おたびしょ》）が祀られている。白髪神社（W）は西面、白山神社（X）は南面しており、現在南面している神明神社（V）は、かつては東面していたという。このことからも、Q—Rラインが重要な意味をもっていたことがうかがえるのである。

なお、筆者は旧稿において、台の小字「宅地」（現在は「西早道」と改称）が、平城京跡で出土した「武蔵国□□郡宅□駅菱子一斗五升」「霊亀三年十月」と記した木簡（奈良国

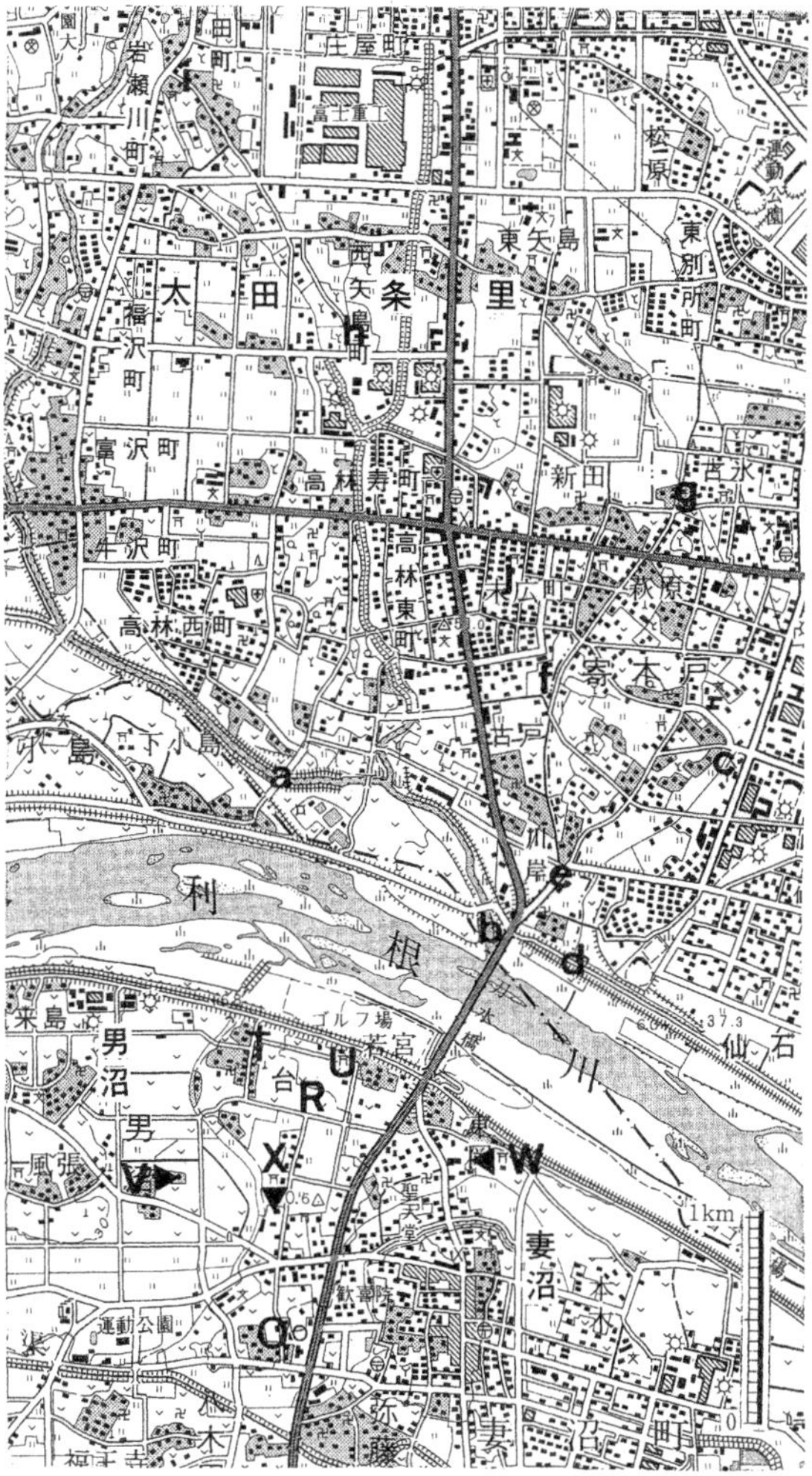

図19　利根川渡河点付近の推定東山道

（1/5万地形図「深谷」より）

立文化財研究所編『平城京　長屋王邸宅と木簡』吉川弘文館、一九九一年、木簡三〇七）と関連するのではないかとした。とくにこの駅は、菱の実を納めているので、付近に低湿地があったことになり、利根川周辺は、その条件にあてはまると考えたわけである。

しかし、その後、寺崎保広氏がこの木簡を解読し、「武蔵国策覃郡宅子駅」という釈文をしめした（「長屋王家木簡郡名考証二題」奈良国立文化財研究所創立四〇周年記念論文集刊行会編『文化財論叢II』同朋舎出版、一九九五年）。それによると、「策」は「策」、「覃」は「覃」の異体字で「サクタン」と読み、埼玉《さきたま》郡に通じるとする。妻沼町付近は、古代においては、幡羅郡に所属したと考えられるので、「宅地」の地名と、この木簡にみえる駅家とを結びつける説は成り立たなくなった。ただし筆者は、「宅地」付近は、依然として、国府から数えて五番目の駅家の位置としては適当と考える。

寺崎氏は、宅子駅について「ヤカゴ」と読み、埼玉県行田市谷郷《やごう》に比定して、筆者の説より東方を通過するルートを考えているが、できるだけ最短距離を直線的に結ぶという駅路の原則からみれば迂回路となり、利根川の渡河点は、上野国新田駅および下野国足利駅から等距離の地点に求めるのが自然であろう。そこで、宅子駅を谷郷にあてるという寺崎氏の見解を生かすとすれば、宅子駅は、東山道武蔵路とは、異なる駅路上に位置したとみなされる。ここで浮かび上がってくるのが、先に「国境と道路」の項でふれた下野・下総の直線的国境の存在である。すなわち、現在の栃木県野木町および小山市と、茨城県総和町および三和町との間の、約九キロにわたる直線的県界線は、一部帯状の地割をしめし、古代の道路跡である可能性がある。その東方への延長は、結城《ゆうき》廃寺をへて、石岡市鹿《か》の子《こ》C遺跡出土の漆紙文書（二七号）にみえる「関里」にちなむとされる茨城県関城町関本に達する可能性があり、反対に西への延長は、『万葉集』にみえる「許我《こが》の渡」で渡良瀬川を渡って、東山道武蔵路に接続すると推測される。寺崎氏がしめした谷郷の地名は、まさしくこの直線的国境の西方への延長線上に乗ってくるので、宅子駅は、『延喜式』にはみえない、東山道武蔵路から東に分岐して、常陸国方面へ向かう駅路上の駅家と考えることができるのではないだろうか。

利根川以北の推定東山道

つぎに、上野国新田駅を群馬県新田町の入谷遺跡付近に、また下野国足利駅を栃木県足利市の国府野遺跡付近にそれぞれ想定して、武蔵国府から数えて五番目の駅からのルートについて考察する。

はじめに、利根川渡河点の北岸についてであるが、こちらの方は、ほとんど一点に絞られてくるといってよい。妻沼町小島の集落は利根川の北岸にあるが、埼玉県に所属していることからもうかがえるように、かつて利根川は、小島の北側を流れたこともあったと推測される。当然、図19のａ—ｂのような流路をとることもあったであろう。実際、石田川は、古利根川とも呼ばれていた。反対に、東側にもｃ—ｄのような小河川が流れている。したがって、ｂ・ｄの間の利根川に逆三角形に張り出した台地の先端こそが、まさに渡河点であったのだろう。ここには、源義家が奥州征討の際、武蔵側から渡河したという伝承があり、『源平盛衰記』巻一五に出てくる「長井の渡」もこの付近に考えられている。さらに、近世においては、「古戸の渡」と呼ばれる渡し場であった。そして、この渡河点を裏付けるような興味深い直線道が存在する。それは、ｅ—ｆ—ｇ道およびｈ—ｉ道である。ｆ—ｇ道およびｈ—ｉ道については、群馬県歴史の道調査報告書『東山道』が駅路の可能性を指摘しているが、ｈ—ｉ道を南東へ延長すると、ほぼｆ点に達する。このＹ字形の道路は、一部境界線となり、筆者もそれぞれ駅路であると考えたい。ｆ—ｉのラインは、途中、邑楽郡の郡寺の可能性がある東矢島遺跡（ｊ）をへて、その延長は、上野国新田駅の可能性が高い入谷遺跡付近へ達し、一方、ｆ—ｇラインを延長すると、邑楽郡家の所在が予想される大泉町古氷の地をへて、付近に下野国足利駅が想定される国府野遺跡へ達するというきわめてシンメトリカルな構造となるのである。

それでは、それぞれのルートについて、もう少し詳しく検討してみよう。h—i間の直線道については、太田条里を斜めに切っていることが注目される。i点以北は、その痕跡をたどることはできないが、上野国分寺創建様式の軒丸瓦《のきまるがわら》・軒平瓦《のきひらがわら》を出土する釣堂遺跡(図20k)が、ほぼその延長線上にのってくる。さらに、このラインを伸ばすと、新田堀用水の屈曲点(l)付近に達するが、l—m間の新田堀用水は、下原宿遺跡(n)の調査によって、川越市の女堀と同様に、東山道の側溝を拡大して成立したことが確実となった。そして、これに北面する入谷遺跡(o)では、一五〇メートル以上の方形にめぐる大溝の中に、七世紀第4四半期ごろに始まる瓦葺き基壇建物二棟が検出されており、須田茂氏は、新田駅に関わる倉庫跡と推定している(『入谷遺跡Ⅲ』新田町教育委員会、一九八七年)。また、東山道本道は、上根遺跡(p)の調査によって、l点からさらに東へ直進することが判明した(『新田町内遺跡Ⅱ』新田町教育委員会、二〇〇〇年)。なお、q点は、新田郡家に比定される天良《てんら》七堂遺跡、r点は、新田郡寺に比定される寺井廃寺である。したがって、東山道本路から武蔵国への支路の分岐点は、l点付近であったと考えられる。

つぎに、足利駅への推定東山道についてのべる。図21f—g間に直線道があり、アメリカ軍撮影の空中写真によれば、その延長がごくわずかであるが、s点に認められる。古氷

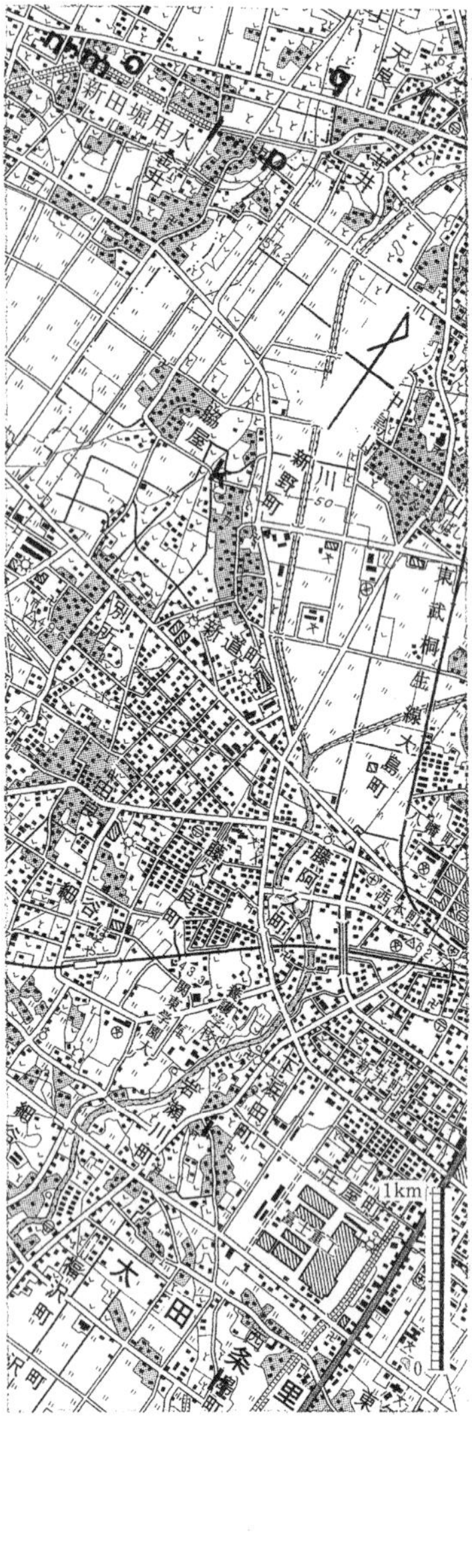

図20　新田駅付近の推定東山道（五万分の一地形図「深谷」より）

図21　足利駅付近の推定東山道（五万分の一地形図「深谷」より）

の地は邑楽郡家に想定され、土師器片・須恵器片が濃密に分布している。t点の長良《ながら》神社は、『上野国神名帳』邑楽郡の冒頭にある正一位長柄明神に比定されている（尾崎喜左雄『上野国神名帳の研究』尾崎先生著書刊行会、一九七四年）。s点以北は、顕著な地割をみいだすことはできないが、その延長は、金坂清則氏が足利駅に想定していた（「下野国」藤岡謙二郎編『古代日本の交通路II』大明堂、一九七八年）国府野《こうの》遺跡（旧称十念寺跡）（u）に達する。国府野遺跡は、近年の発掘調査で、足利郡家の可能性が高いとされているが、駅家が郡家に併置もしくは近置されることは十分に考えられ、国府野遺跡付近に足利駅が存在したのであろう。

このラインに近接する太田市竜舞の賀茂神社（v）は、やはり『上野国神名帳』山田郡冒頭の従三位《じゆさんみ》加茂明神に比定され、同市沖之郷《おきのごう》の碓《うす》神社（w）境内の礎石群は、奈良時代の寺院跡の可能性が高いとされている。古代の渡良瀬川は、ほぼ現在の矢場川の流路をとっていたとされるので、推定東山道は、新宿町（x）付近で渡良瀬川を渡河し、足利駅へ向かうことになるが、そのライン上に、ほぼ「大道下」（y）の小字地名が乗ることも注目される。

肥前国西部の駅路

つぎに西へとんで、西海道肥前国の彼杵《そのぎ》・高来《たかく》両郡における古代の駅路についてのべる。肥前国は、現在の佐賀県と長崎県の一部とから成るが、そのうち彼杵・高来両郡は、現在の長崎県の範囲にあたり、古代律令国家にとって西の辺境の駅路であるといえよう。

西の辺境の駅路

『延喜式』兵部省諸国駅伝馬条によれば、肥前国には、一五の駅が置かれたことがわかるが、このうち彼杵郡には新分駅、高来郡には船越・山田・野鳥の各駅が存在したとみなされる。これらは、大宰府から肥前国府をへて、島原半島から海を渡って、宇土《うと》半島に達するルート上の駅に相当する。各駅の駅馬数は五匹で、したがって駅路のランクは小路で

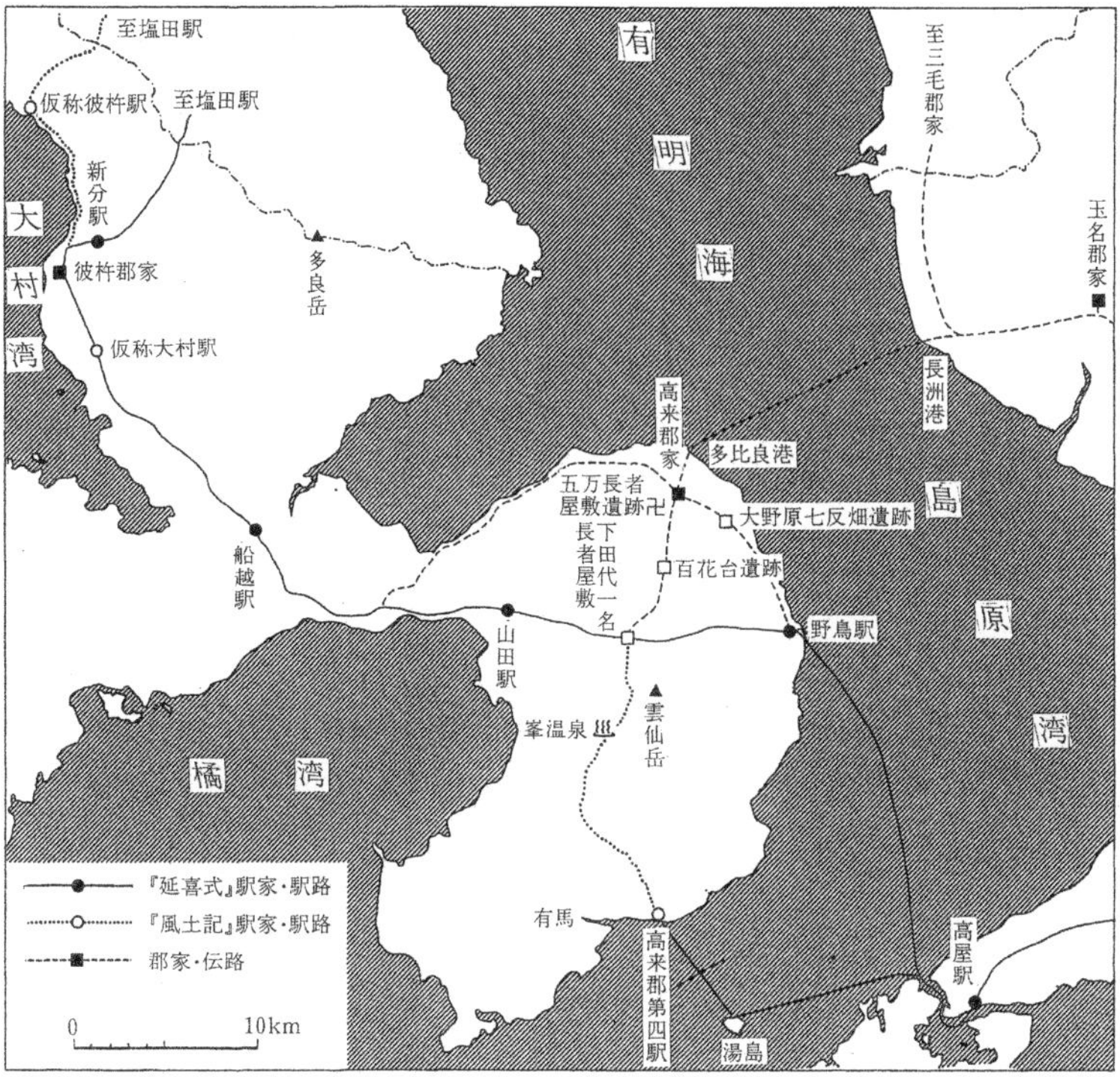

図22　肥前国西部の駅路概念図

ある。

なお、天平年間ごろの成立とされる『肥前国風土記』では、彼杵郡に二駅、高来郡に四駅の記載があり、『延喜式』より、それぞれ一駅ずつ多い。したがって、駅路の変遷があったと考えられるが、まず『延喜式』の駅路について考察し、その後『風土記』当時の駅路についてふれることとする。

塩田駅から新分駅へ

『延喜式』において、新分駅の前駅である塩田《しおた》駅の位置については、佐賀県藤津《ふじつ》郡塩田町馬場下の小字「塩田」付近に比定する説と、嬉野《うれしの》町吉田の印役社付近に比定する説があるが、いずれにせよ、彼杵郡の領域には、東彼杵町遠目郷から入ることになる。そこで、新分駅の位置については、後述するように、大村市草場町に比定して、そこまでの経路についてのべる。

木下良氏は、塩田駅から新分駅までの駅路は、多良岳《たらだけ》西北麓の高原地帯を通過するとして、吉田川の谷をさかのぼって、約五八〇メートル、約五二〇メートルの二峠を越えるとしている（「肥前国」藤岡謙二郎編『古代日本の交通路Ⅳ』大明堂、一九七九年）が、後者の峠が、藤津・彼杵郡界の図23A点にあたるようである。ここから新分駅想定地（B）付近まで、おおよそ直線的な現在道が通っており、この道路が、ほぼ古代の駅路を踏襲したものと考え

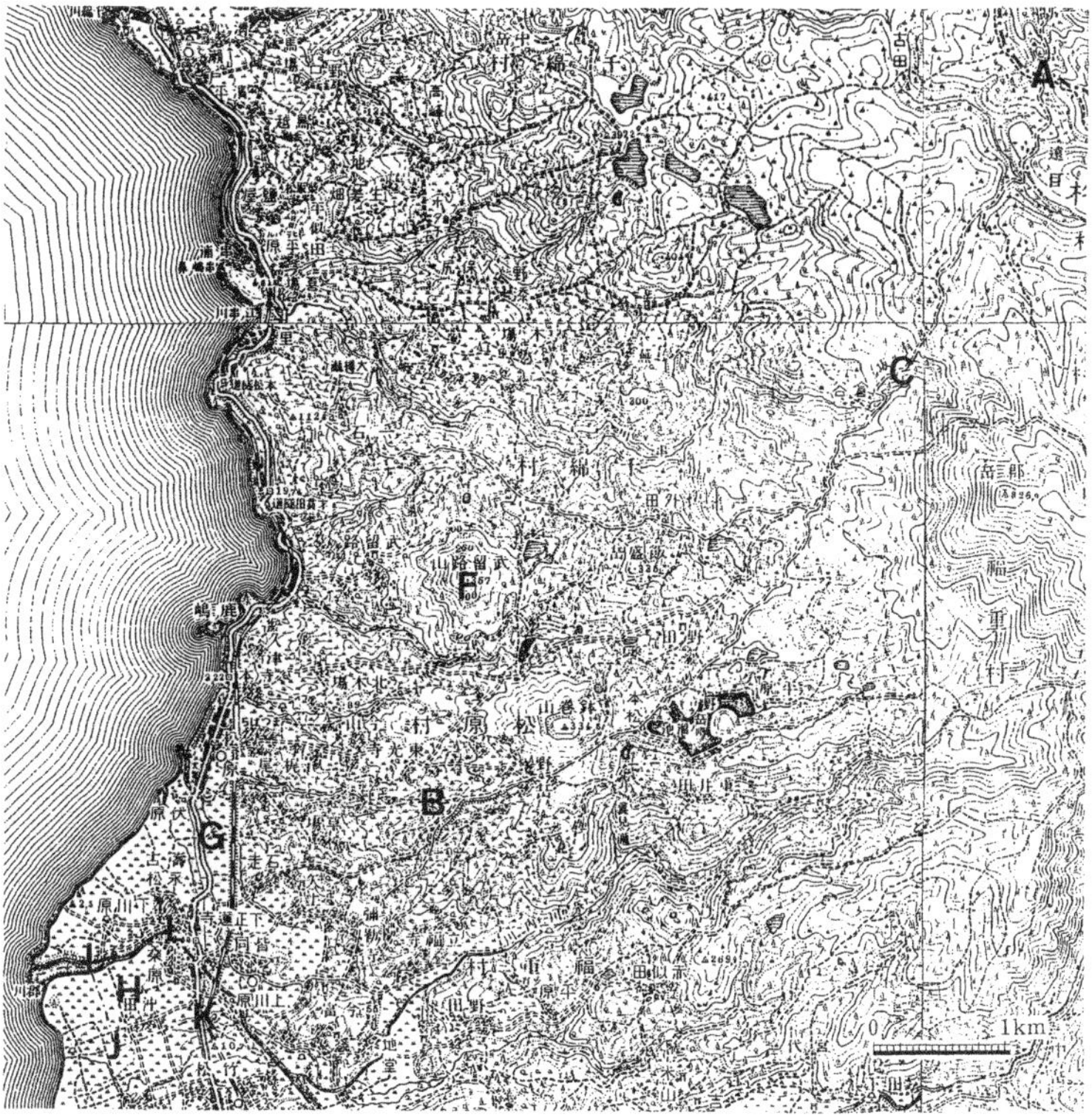

図23　新分駅付近の想定駅路
(明治33年測量1/5万地形図「鹿島」「諫早」，明治34年測量1/5万地形図「早岐」「大村」より)

たい。旧版地形図によれば、東彼杵町の倉谷付近に、この道に対して「有坂」（C）と記してあり、明治年間ごろまで、比較的よく使用されたルートと推測される。

新分駅の位置について、木下氏は、大村市草場町の小字立石・馬込・京辻・今道付近に比定している（木下前掲論文）（図9）。これらの小字地名に沿って、東北から西南へ通る小字界となった現在道（図9D―E）が、先にのべた想定駅路に連なるものである。筆者は現地踏査の結果、小字「立石」の地に、地元で「石立様」と呼んでいる自然石を確認した（「駅制と軍防制」『原始・古代の長崎県　通史編』長崎県教育委員会、一九九八年）。この石は、石立権現・山伏《やんぼし》墓とも称しており、落人《おちうど》伝説を伝えている。とくに碑文はない。この立石は、まさに想定駅路に沿い、当地は見晴らしのよい舌状台地で、駅家の位置として適当と考えられる。

なお、新分の駅名の由来について、木下氏は、これをニイキタと読んで、『肥前国風土記』には、はじめ彼杵郡に二駅があり、これをのちに一駅にまとめて、新たに分け置いたことによるとする。

ところで、新分駅想定地の北にそびえる武留路《むるろ》山（図23F）は、中世には山城が置かれたが、逆台形状の目立つ山であり、あるいは『風土記』彼杵郡の条に「烽三所《とぶひみところ》」とみえるものの一つにあたらないだろうか。肥前国の烽《とぶひ》については、岡村広法氏の研究（『肥前風土記考』肥前風土記考出版委員会、一九七〇年）があり、新分駅に近いところでは、多良岳山頂に烽を想定している。しかし、「軍防令」によれば、天候が悪く見通しがきかないときや、応答がない場合には、徒歩連絡することを規定しているので、多良岳山頂は、高すぎて疑問を感じる。その点、武留路山は、西から眺めると多良岳の稜線上に頭一つ飛び出すようにみえ、想定駅路にも沿っているので、古代の烽が置かれた可能性がある。もっとも、多良岳山頂は、藤津・高来の郡界にあたり、岡村氏は、高来郡の烽をここに想定している。したがって、烽の比定は、肥前国全体のネットワークを考えながらおこなうべきで、筆者はそこまでの検討にはいたっていないが、いちおう注意を喚起する意味で、武留路山について取り上げた。なお、初期の駅路は、後述するように、東彼杵から南下していたと考えられるが、そのルートでも、武留路山は駅路に沿っていたといえるだろう。

新分駅から船越駅へ

つぎに、船越駅の位置を、諫早《いさはや》市船越名付近に想定して、新分駅からの経路について検討する。多良岳山麓を降りてきた想定駅路は、平野部に入ると、土堤状の道となるが、この付近の小字地名を「高縄手」（G）と称する。ここから駅路は方向を変えて南下したとみなされるが、西側の寿古《すこ》遺跡には、奈良・

平安時代の遺物が散布している。また、郡川左岸の沖田町・黒丸町・宮小路にかけては、条里地割が広がり、郡川の地名などから、日野尚志氏は、この付近に彼杵郡家を想定している（「筑後国上妻郡家について」『史学研究』一一七、一九七二年）。すなわち、日野氏は、条里地割内に存在する小字「蔵ノ町」（H）の地名を郡倉に由来するものとし、また直線的な大字界や、ほぼ直角に折れる郡川の形態から、方六町の郡家域（I—J—K—L）を想定している。はたして方六町の郡家域というものが存在したかどうかは検討を要するが、彼杵郡家がこの付近に存在したことは、まず間違いないであろう。したがって、彼杵郡家は、ほぼ駅路に沿っていたことになる。

つぎに、南下する駅路のルートについてであるが、木下氏は、大村扇状地を郡川沿いに扇頂部に近い池田に出て、山麓伝いに大村にいたったとしている。この付近において、明瞭な直線道の痕跡は認められないが、大村市植松と、武部町（図24M）に、それぞれ「立石」の小字地名が存在することは、いちおう注目される。

さて、大村扇状地以南からは、ふたたび駅路を踏襲したと考えられる道をたどることができる。すなわち、木下氏が、木場・久原の大字界になっているとして取り上げたN—O道と鈴田川の谷において、現国道三四号線にほぼ平行するP—Q道である（木下前掲論

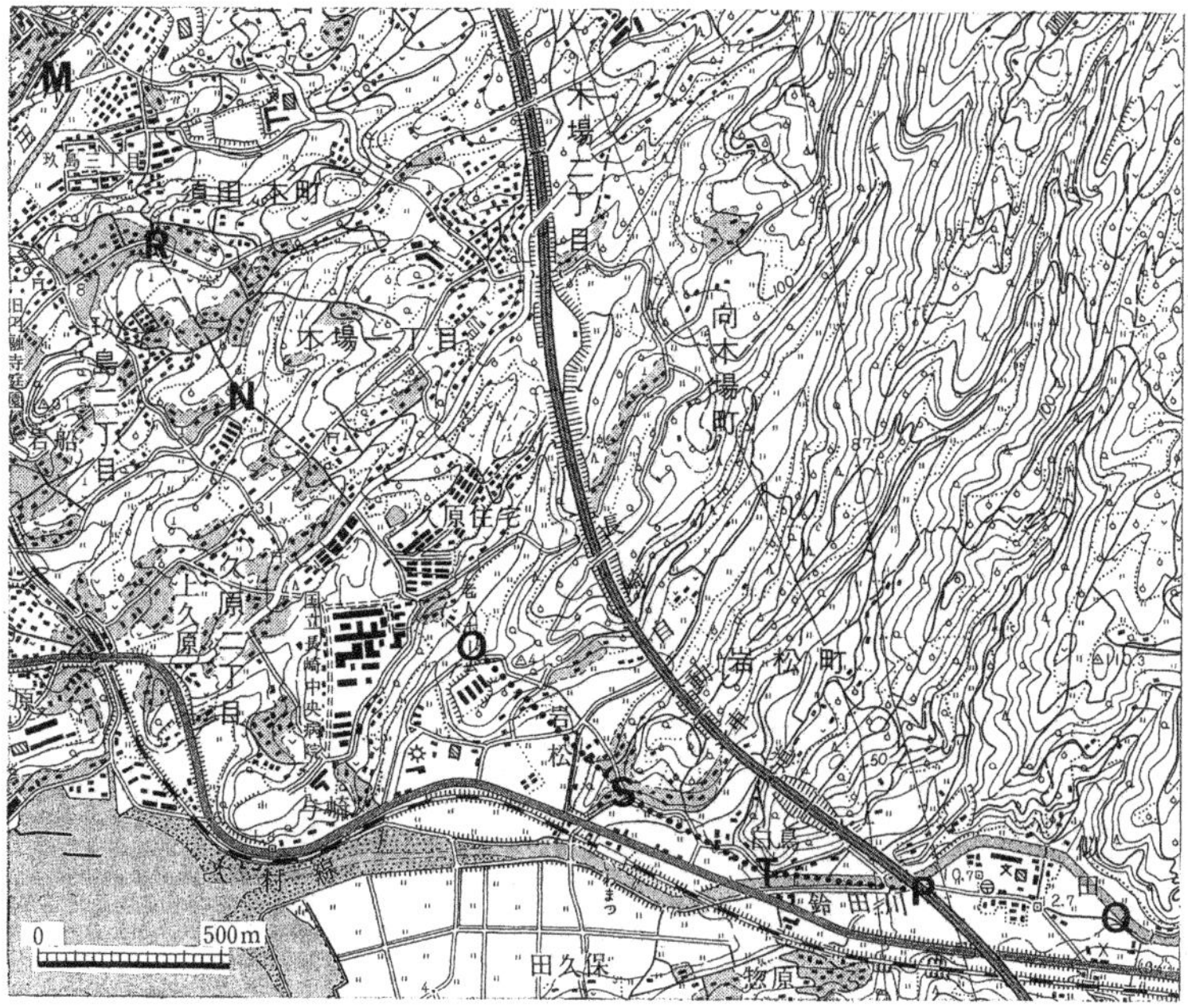

図24　新分・船越駅間の想定駅路（1/2.5万地形図「大村」「諫早」より）

文)。これらは、いずれも旧長崎街道の一部にあたり、古代駅路を踏襲したものとみなされる。そこで、長崎街道の路線を参考にしながら、さらに想定駅路として、R—N—O—S—T—P—Qまで広げて考えることができる。R—N間は、大村市須田ノ木町と玖島との大字界になっている。O点の西北で、部分的に道が蛇行しているのは、後世、勾配を緩くして登りやすくした結果と考えられ、本来の駅路は直登していたであろう。また、想定駅路の屈曲点にあたるとみなされるS点やT点は、それぞれ丘陵の突端にあたるので、そ

(1/2.5万地形図「大村」「諫早」より)

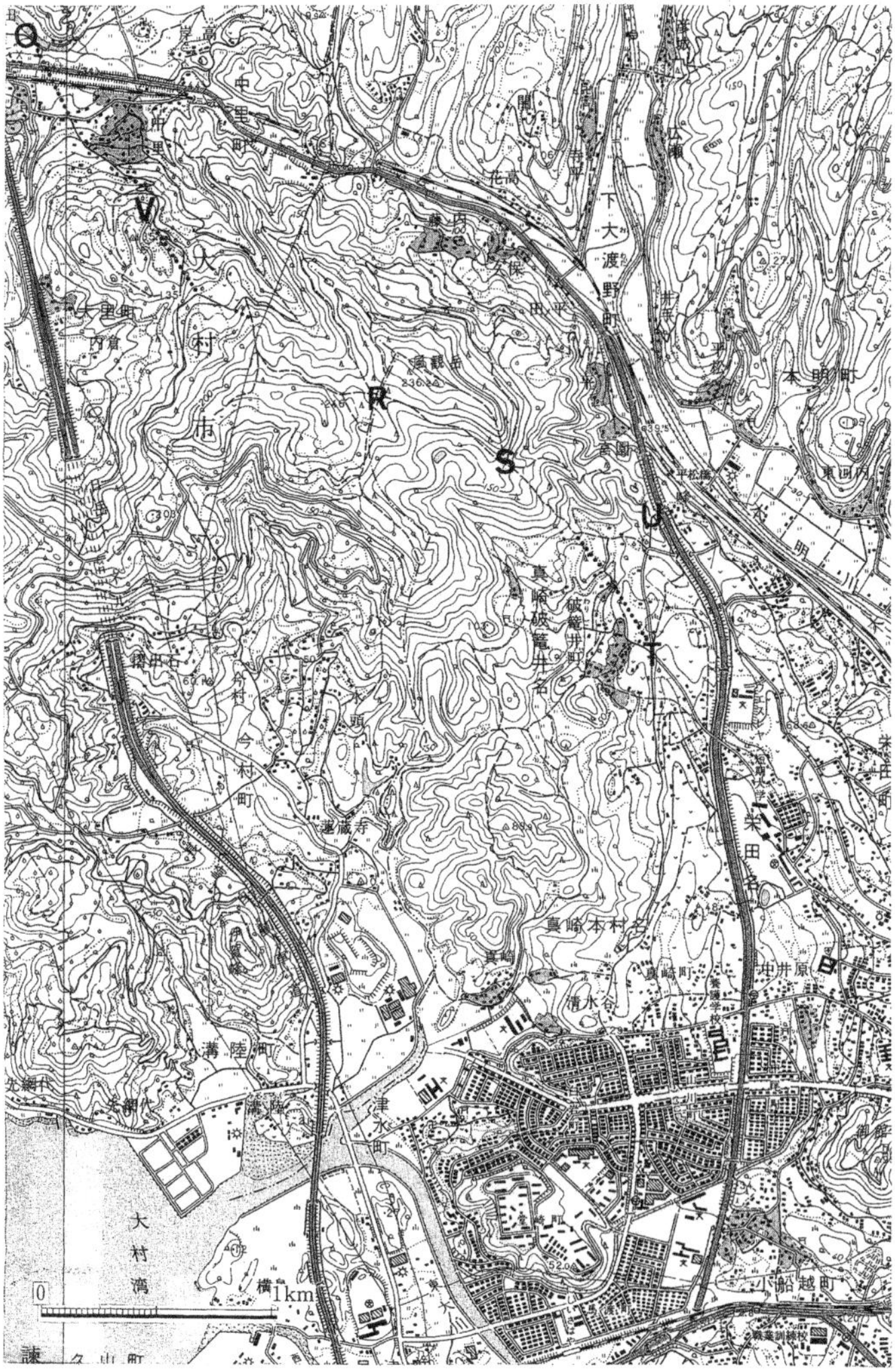

図25　火の見峠付近の想定駅路

れらが目標物であったと考えられる。

さて、Q点付近から想定駅路は南東に方向を変えて、その名称から烽の存在を想起させる火の見峠（図25R）を越えるが、この部分も、ほぼ長崎街道のルートと同じとみてよいようである。ただし、S—T間の長崎街道は、東寄りにU点まで大きく迂回するが、駅路は、この間を直線的に結んでいたであろう。火の見峠は、彼杵・高来郡の郡界にあたり、「弁慶の足形石」と称する巨石が存在する。ちなみに、火の見峠への登り口の部分に沿って、小字「足形」（V）がある。

さて、想定駅路は、諫早市永昌町（W）付近に達した後、城山と上山のギャップを通ることによって、本明川の攻撃斜面を避けたであろう。そこから先は、島原鉄道の経路付近を通って、船越駅へ達したと推測される。

船越駅の位置について、木下氏は、諫早市の船越名から原口名にかけての台地に比定している（木下前掲論文）。船越名には、小字地名として「船越」（図26X）・「東上ノ馬場」、通称地名として「立石」がある。また、原口名には、小字地名として「西上ノ馬場」「東泉野」「西泉野」が存在する。なお、船越名の東北に接する幸町から仲沖町・仲沖名にかけて広がる田井原条里は、九坪程度の地割が認められ、駅田との関係が考慮される。

図26　船越・山田駅間の想定駅路（明治33年測量1/5万地形図「諫早」「小浜」より）

船越駅から山田駅へ

つぎに、山田駅の位置を吾妻町山田原付近に比定して、船越駅からの経路について検討する。

まず木下氏は、船越名と原口名の大字界にもなっている直線道（Y—Z）について、駅路を踏襲した道ではないかとしている（「彼杵郡と高来郡の古代駅路」『諫早史談』二六、一九九四年）。Z点以南の経路について、木下氏は半造川の支流川床川の谷筋を考えている（木下前掲論文「肥前国」）が、筆者は小川町と川床町の大字界となっている尾根上の道（Z—a—b）を駅路に想定した（「古代の官道」『長崎街道—長崎県歴史の道（長崎街道）調査事業報告書—』長崎県教育委員会、二〇〇〇年）。その根拠は、Y—Z道との取り付きが自然なこと、彼杵・高来郡内の想定駅路は、後述するように、ほとんどが尾根道をとっているので、この場合も同様ではないかということである。なお、この道は地元で「有喜《うき》・島原街道」あるいは「とのさんみち」と呼ばれている（村井正明「旧領内の有喜・島原街道」『諫早文化』三〇、二〇〇〇年）。c点には、この道に沿って、安徳天（皇）の碑と称するものが存在し、付近の小字地名を「安徳山」と称する。

想定駅路は、b点付近で方向を変え、尾根上を東走する。d点でいったん谷に降りた後、古代には低湿地だったと考えられる井牟田上名の盆地を避けて、e点からふたたび尾根に上がる。f点は、岡村氏による『肥前国風土記』にみえる高来郡烽五所の比定地の一つであり（岡村前掲書）、年代不詳の石組遺構が残るが、当地は、橘湾の最奥部にあたるので、立地的に烽をここにもってくるのは、やや疑問である。また、想定駅路に沿って、小烏帽子岳古墳（g）・椿川古墳群（h）・長坂古墳（i）が存在し、この尾根道の古さを物語っている。なお、j—k間は、諫早市と森山町との境界線になっていることも注目される。

k点以東の想定駅路は、古代においては入江だったと考えられる唐比名《からこみょう》の水田地帯を避けて、北寄りに迂回していたであろう。なお、この湾入部を『肥前国風土記』高来郡の条に見える「土歯《ひじは》の池」に比定する説があるが、海と岸の方位や、堤の長さなどが『風土記』の記述と合わないので、通説のように、千々石《ちぢわ》町の下峰付近にあてるのが適当であろう。図27 l点以東は、台地上の一本道で、日野氏が指摘するように、m点以東は、愛野町・吾妻町と千々石町との境界線になっている（「肥前国の条里と古道」小田富士雄編『風土記の考古学五　肥前国風土記の巻』同成社、一九九五年）。また、n点には、首塚古墳が存在する。

山田駅の位置について木下氏は、吾妻町の川床名の小字「上牧ノ内」「下牧ノ内」「御手水堤」「御手水平」（o）「山田原」、大木場名の小字「兵庫」、栗林名の小字「山田原」に

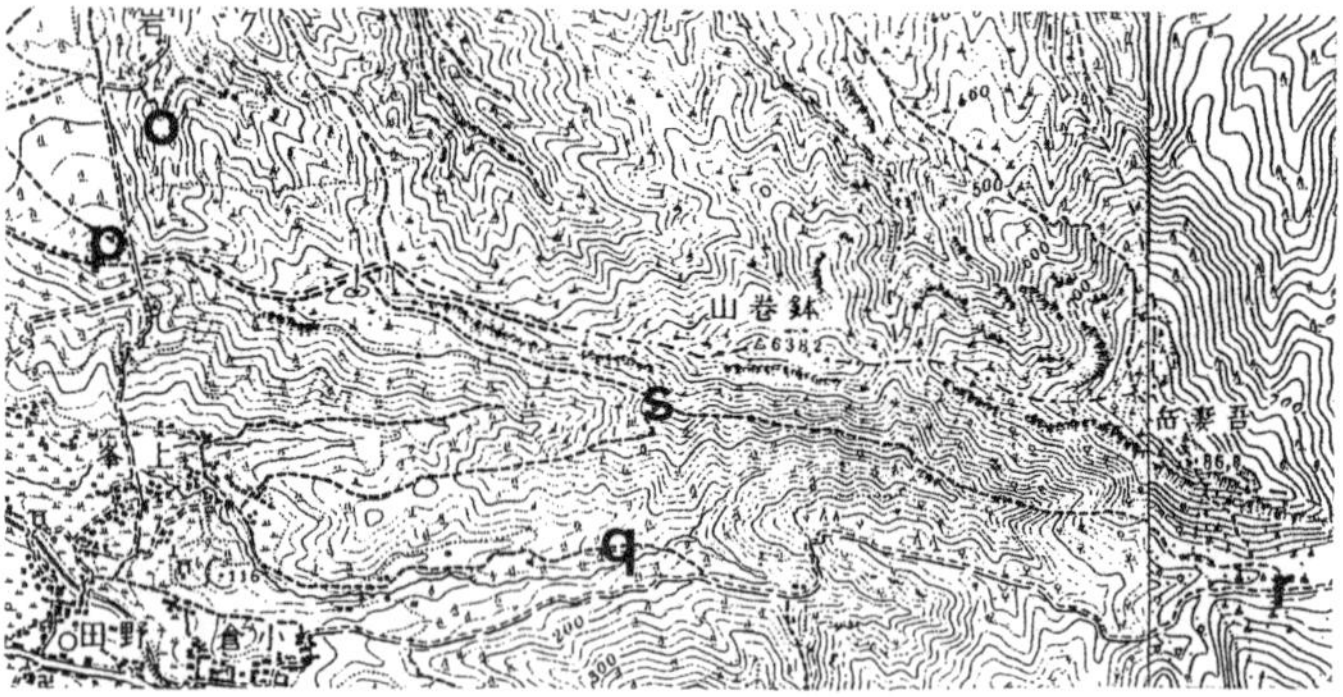

33年測量1/5万地形図「小浜」「島原」より）

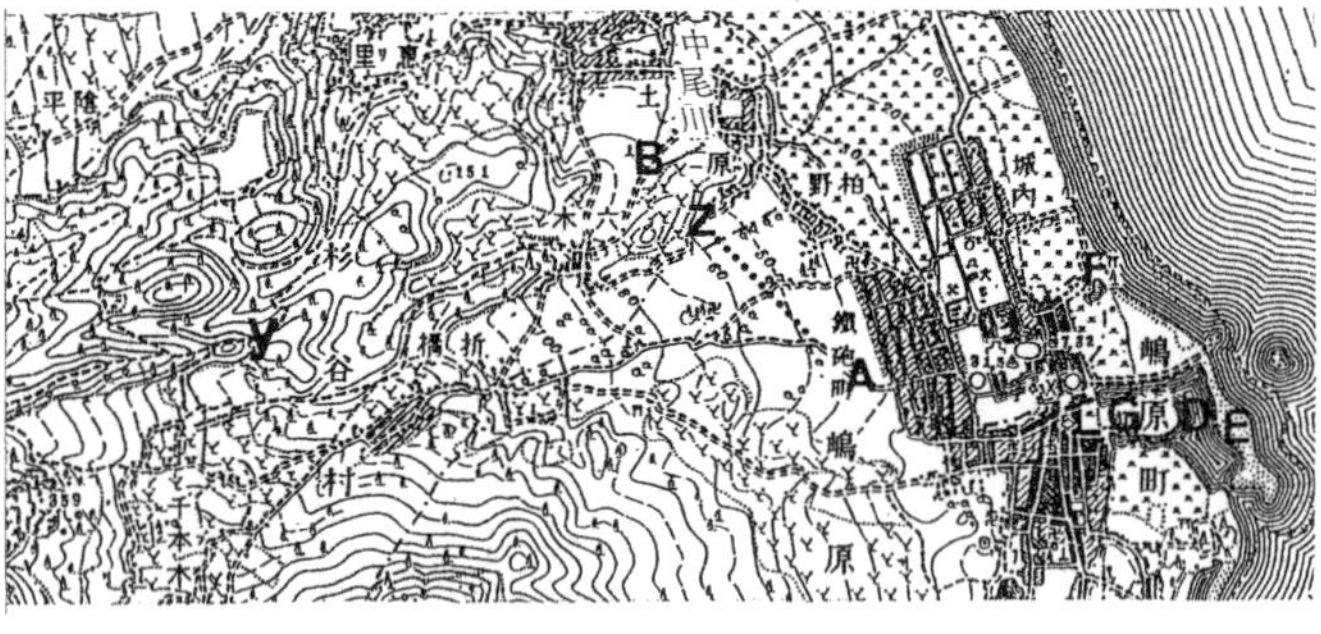

(明治33年測量1/5万地形図「島原」より）

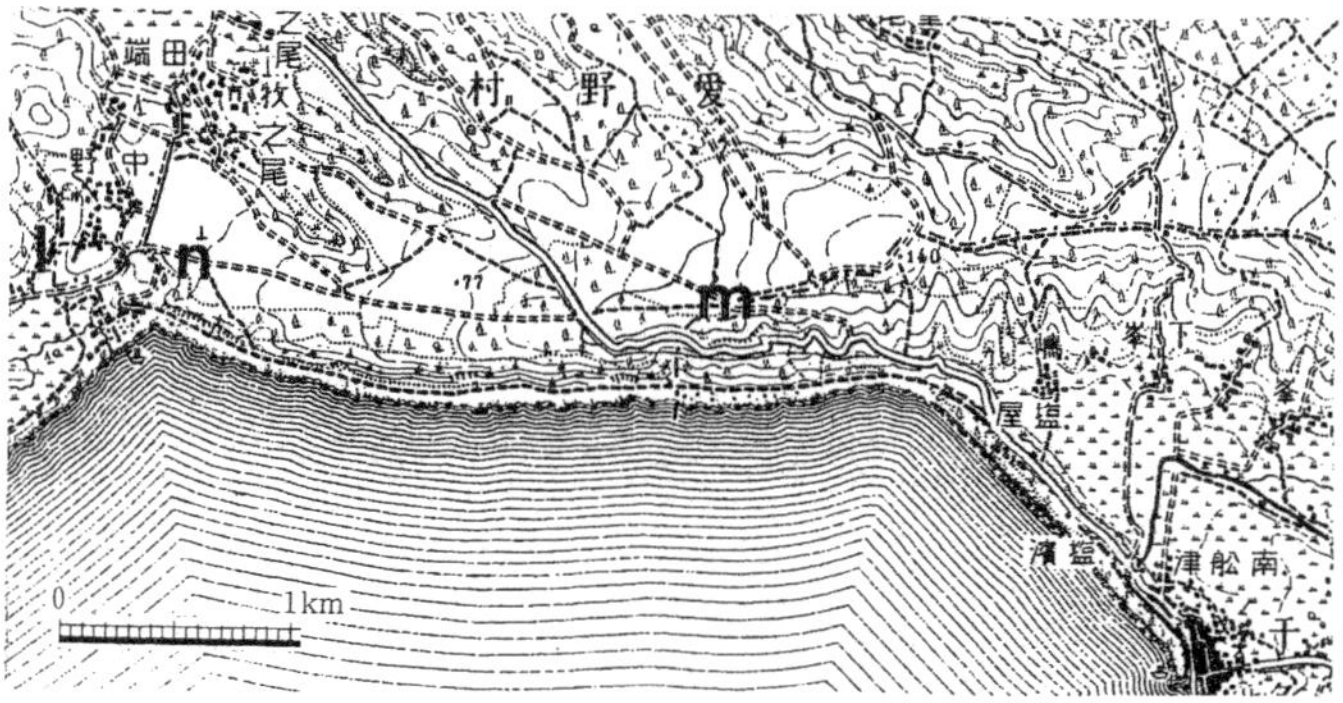

図27　山田駅付近の想定駅路（明治

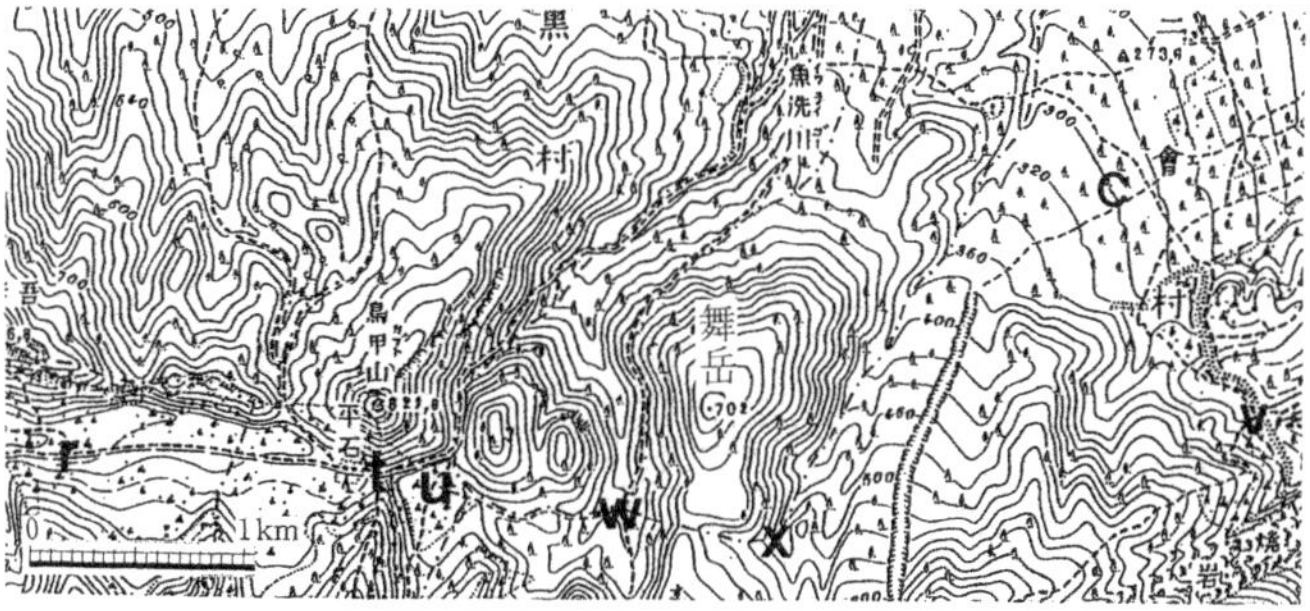

図28　山田・野鳥駅間の想定駅路

注目して、山田川上流の谷に想定している（木下前掲論文）。また、諫見富士郎氏は、栗林名の小字「弘法原」（p）に、弘法大師を祀る石祠と寺院跡が存在することから、湧水との関係について示唆している（「古代道と野鳥駅（その二）」『ありあけの歴史と風土』一五、一九九五年）。木下氏の想定地は、おそらく湧水を考慮して、想定駅路からやや北に離れて、駅家が存在したことになるが、地形的に見ても「弘法原」の地は、湧水が得られそうなので、この付近に山田駅を想定したい。また、東接して、「道祖神」の小字地名が存在する。

山田駅から野鳥駅へ

つぎに、野鳥駅の位置を、島原市に比定して、山田駅からの経路について考察する。この間における駅路は、雲仙岳中腹に位置する田代原《たしろばる》高原を通過したと推測されるが、そこにいたるルートについては、大きく二つの説が存在する。

まず木下氏は、弘法原（p）から南に千々石断層崖を下りて、千々石町上峰にいたり、上峰川に沿って、上流の野取（q）から田代原高原（r）に出るとしている（木下前掲論文）。それに対して諫見氏は、近世末の写しとみられる「島原藩領絵図」に載せる弘法岳・鉢巻山・吾妻岳の南斜面から谷間を通って田代原へ出るルート（p—s—r）を想定している（「歴史環境からみる古代の駅路」『諫早史談』二八、一九九六年）。木下氏説より諫見氏説の方が距離的にかなり短く、木下氏説では、いったん断層崖を下りた上で、さらに田代原まで登らなければならないのにたいし、諫見氏説では断層崖に沿っていくので、大きなアップダウンがないことから、後者を適当としたい。田代原牧場内には、直線的な東西道（図28 r—t）があり、駅路を踏襲した道である可能性がある。

国見町南部の馬頭観世音の祠（t）は、磐座《いわくら》とみられる巨石の上に祀られており、この付近の小字地名を「平石」と称する。享保五年（一七二〇）の写しである「多比良古図縮写」にみえる「多比良田志ろ大石」がこの石にあたる可能性がある。同絵図によれば、この大石は、多比《たい》良《ら》港の方から雲仙岳へ向かう「温泉道」と、ほぼ想定駅路にあたるとみられる「千々石道」とのT字路付近に存在するので、道標的な役割を果たしていたと考えられる。また、馬頭観世音に西接する寿命院の背後にも巨石が林立しており、想定駅路に沿ったこれらの石を通して、雲仙岳を拝した可能性もある。

u点は、下田代一名長者屋敷で、ここから北方約八㌔の国見町多比良に住んでいた五万長者が、雲仙岳へ往復する際に休息した別邸があったところという伝説がある。五万長者遺跡では、八世紀前半ごろの瓦を出土し、高来郡の郡寺と考えられているので、付近に高来郡家が存在したのであろう。さて、r―t道をそのまま東へ延長すると、野鳥駅が想定される島原市街へ達するが、木下氏はほぼ東西に雲仙岳の東北斜面を横切るルートを想定しており、その途中にある島原市立野町の小字「馬渡」（v）に注目している（木下前掲論文）。ただし木下氏は、このコースは、近世においても島原藩の長崎勤番の際の交通路として利用されていたとのべるが、実際は急峻な山道を避けるために、たとえば帰路の場合、下田代一名長者屋敷付近から北に折れて、国見町の魚洗川、有明町の一本松を経由し、東南に島原城へ向かっていた。このコース付近にあたると考えられる島原市油堀町には、「千々石道」「北千々石道」「南千々石道」などの小字地名が残っている。このことからもうかがえるように、舞岳の西南および東南の斜面は急で、駅路として適当かどうかは検討を要するが、ここを通過できれば、比較的なだらかな道がつづくので、いちおう木下氏説を適当としたい。

具体的なルートとしては、島原市と国見町との境界線（u―w）や、同市と有明町との境界線（w―x）が注目される。焼山（岩）は、雲仙岳の活動により、寛政四年（一七九二）に形成されたもので、その東隣の千本木地区は、平成二年（一九九〇）に土石流の被害を受けたところである。島原市稗田町の稗田原《ひえたばる》遺跡では、平安時代ごろの土石流の跡が確認されている（『稗田原遺跡Ⅲ』長崎県教育委員会、一九九九年）。報告書では、中尾川の流域にあたる千本木地区を通過してきたのではないかとしているが、走行方向から見て、一つ北測の中河川の谷から流れ出したものとも考えられる。いずれにせよ、駅路は、千本木地区の谷部を避けて、鳥越山の尾根を東走（v—y）したと推測される。ただし、そのまま進むと、野鳥駅が想定される島原市街から北に離れていってしまうので、どこかで方向を変えて、中尾川を渡らなければならない。ところで、Z—A間に、そのほとんどが大字界となっている直線道があり、駅路を踏襲した道ではないかと推測される。したがって、このラインを西北に延長したB点が中尾川の渡河点と見なされるが、この付近で駅路は、東南に転回して、野鳥駅へ向かったのであろう。なお、想定駅路のやや北方に位置する礫《くれ》石原《いしばる》遺跡（C）では、奈良時代中葉より平安時代に比定される蔵骨器が出土し、内部には「大弓」と墨書のある土器が収められていた（古田正隆「長崎県島原市三会礫石原出土の蔵骨器」『九州考古学』五・六合併号、一九五八年）。

野鳥駅の位置

野鳥駅の位置について木下氏は、これを肥後国高屋駅への渡海駅であるとして、とくに遺称地名は認められないものの、島原市島原に比定している（木下前掲論文）。野鳥の遺称地名は、千々石町上峰の小字に「野取」（図27 q）・「野取原」があるが、山田駅から田代原への駅路の経路について、先述した諫見氏説をとれば、この地は、駅路の通過地ではないことになる。また、木下氏説をとっても、山田駅から野取までの距離があまりにも近すぎる。さらに、国見町平石付近にも「野取坂」（図28ｔ）の通称地名が存在するので、下田代一名長者屋敷を野鳥駅に比定する説もあるが、ここでもまだ山田駅からの距離が約七キロしかない。ところで『和名抄』には、高来郡に野鳥郷があり、その領域は、千々石から島原を含む島原半島中南部にあたると推測される。したがって、その範囲にふくまれていれば、とくに遺称地名が残らなくても、野鳥駅が存在した可能性がある。そもそも野鳥駅は、島原湾に面した海岸部に求めなければ、宇土半島の先端付近に比定される肥後国高屋駅との接続ができなくなる。ところで、諫見氏は、有明町大三東の大野原七反畑遺跡（図22）で、八世紀代の廃棄壙遺構や、大量の土師器・須恵器が出土したことなどから、この付近に野鳥駅を考え、そこから有明海を渡って、玉名・長洲に連絡したとする（諫見前掲論文）が、それでは宇土半島の駅路が盲腸路線となってしまうので、この説は採れない。

島原は、木下氏がのべるように、湧水が豊富で、その点からも駅家の立地に適当であるが、より具体的な比定地としては、大手浜と呼ばれる入り江（図28Ｄ）付近であった可能性が高い。寛政四年（一七九二）の雲仙岳の活動と眉山の大崩壊によって、城下島原町は全滅し、地勢も一変した。ただし、それ以前と以後の状況については、明治二三年（一八九〇）の写しである「島原大変前後図」（島原市松平文庫蔵）によって比較することができる。それによると、寛政地変前の大手浜の入り江は、地変後の二倍程度の広さがあったが、位置はほぼ同じで、やはり渡海駅を置くのに適地であったことには変わりがないようである。最近まで島となっていた長浜（E）には、大手浜遺跡として、縄文時代から古墳時代および平安時代から近世の遺物が散布している。

猛島神社

ところで、島原市宮の町の猛島神社（F）は、かつては鷹島大権現と称し、当時は大手浜の湾のなかの島であった小字「高島」の地（G）に祀られていた。それが、島原城築城が完成した寛永二年（一六二五）に現在地に移り、延宝三年（一六七五）に猛島大明神と改称した。

『日本書紀』仲哀天皇九年三月条に、荷持田《のとりた》村に羽白熊鷲《はしろくまわし》という者があり、皇命に従わず、人民を略盗《かす》むので、神功皇后がこれを撃《う》ったとある。荷持田村について、谷川士清《ことすが》の『日本書紀通証』は、肥前国高来郡野鳥郷と、筑前国夜須郡野鳥村（現、福岡県甘木市野鳥）の二つの候補地を挙げているが、『日本書紀』の前後の記事にみえる神功皇后の経路からみて、後者が有力であるとみなされる。ただ、ノトリの地名が、一種の鳥人に由来して考えられていたことは興味深い。先述したように、猛島神社は、もと鷹島大権現と称し、その祭神は、緑丸霊鷹という鷹であるという伝説も存在した。また、境内末社に鳥島神社が祀られている。猛島神社の起源が古代までさかのぼる確証はないが、あるいは野鳥の地名は、この神社と関係していた可能性があり、そうであるとすれば、野鳥駅がこの付近に存在したと考えるのに好都合である。

野鳥駅からは、島原湾を渡って、熊本県三角町の陣ノ内付近に比定される肥後国高屋駅へ連絡するが、この航路は現在でもフェリーが運行している。

『風土記』当時の駅路

先述したように、天平年間ごろの成立とされる『肥前国風土記』では、彼杵郡に二駅、高来郡に四駅の記載があり、『延喜式』よりそれぞれ一駅ずつ多い。これについて木下氏は、つぎのように解釈している（木下前掲論文）。まず彼杵郡については、当初駅家は東彼杵と大村にあり、駅路も塩田駅から俵坂《たわらざか》峠を越えて東彼杵に入ってから大村湾東岸を南下していたのが、二駅を廃止して新たに新分駅を置いて、ルートも多良岳を横切るコースに変更になったと推測している。また、高来郡については、本来、有馬の湾入部に渡海駅があり、山田駅から雲仙を通って当駅にいたり、湯島を経由して高屋駅へ渡ったと推測している。すなわち、島原湾の潮流の変化に応じて、野鳥駅と当駅が使いわけられていたとするものである。けだし妥当な見解であるが、一般的に渡海駅が必ずしも好適な泊地ではなく、単に渡海のために便な地点に位置する場合があることを考えると、有馬の湾入部より四キロほど湯島に近い須川港の地に、渡海駅が存在したと考えるのも一案であろう。

駅路の軍用的性格

以上で、肥前国彼杵・高来両郡における古代駅路の復原についての記述を終えることにする。その結果、律令国家にとって、西の辺境にあたるこの地域においても、計画的直線道がはりめぐらされていたことが確認され、律令国家の権力の強さをあらためて思い知らされる。もっとも、これらは歴史地理学的手法による復原であり、あくまで一つの仮説を提示したにすぎないのであって、今後の発掘調査によって、ルートの可否や、道路の構造が判明することを期待したい。

ところで律令国家の交通体系のなかで、この彼杵・高来両郡を通る駅路は、どのような位置づけにあったであろうか。従来、駅路は、国府間を連絡することに第一義があると考えられてきた。しかし、先述したように、近年の研究では、駅路は七世紀の第3四半期ごろにはほぼ全国的に整備されていたのにたいし、国府が本格的に整備されるのは、八世紀に入ってからであるから、駅路の方が先行しており、実際、駅路に沿わない国府も存在する。

また、駅路の終点が必ずしも国府でないことは、たとえば能登国においては、大同三年（八〇八）以前は、駅路が七尾《ななお》に比定される国府を通り越して、能登半島の先端まで通じていたし、陸奥国の駅路の終点は、はじめ志波《しわ》城のちに徳丹《とくたん》城であったと解釈できる。あるいは、奈良時代の南海道には、四国を一周した環状道路が存在した。これらは、いずれも駅路が軍事的意味を有していたことによると考えられる。

さて、本書で復原した彼杵・高来両郡を通る駅路は、いちおう肥前・肥後両国府を結ぶ連絡路と解釈されるが、単に両国府を連絡するだけならば、有明海東岸の駅路のみで十分である。しかし、わざわざ両国府より西に張り出すかたちで、駅路をめぐらしていること自体に対外的・軍事的な意味があるといえるだろう。

そして、このことと関連して想起されるのが、駅路のルートが多良岳の中腹や火の見峠や雲仙の中腹など、比較的高い所を通る傾向があることである。たとえば、彼杵・高来郡界の場合、現在の国道三四号線や、ＪＲの大村線が通っている谷道ではなく、わざわざ標高約二〇〇メートルの火の見峠を越えている。このことは、最短距離をめざすということのほかに、軍事的な意味で見通しがきく尾根道が選ばれたと解釈できよう。木下氏は、一般的に古代駅路は、軍事的意味から挟撃される恐れのある狭隘部を避けて、見通しの利く高所を選んだ可能性があるとしている（「古代官道の軍用的性格―通過地形の考察から―」『社会科学』四七、一九九一年）。

筆者は、愛野地峡付近の想定駅路を現地踏査した際、この尾根状の道から、南側の眼下に橘湾が見られるだけではなく、同時に北側には、有明海をも望むことができることに気がついた。また、多良岳中腹の想定駅路からは、大村湾を眺めることができる。このように、彼杵・高来両郡の駅路の場合、単に陸上にたいする見通しだけではなく、海上にたいする警固の意味ももっていたのであろう。

なお、古代駅路のルートと近世の長崎街道のルートが重なると見られる部分があることは注目される。一般的に、古代の駅路と近世の街道は重複しない場合が多いが、鎖国下の長崎の性格を考えると、長崎街道そのものに軍事道路的なニュアンスが強いので、そのような結果となったのであろう。

最後に、このルートの起源について考えてみたい。肥前国と肥後国は、令制以前に存在した火の国を分割して成立したと考えられるが、不思議なことに、両国の間には筑後国があって、直接、接していない。しかし、このことは、これまでのべてきた駅路のルートを想起すれば明らかなように、両国は海を通じてつながっていたのである。実際に、肥後地方の弥生時代後期の土器（黒髪町式）が、大村扇状地にある富の原遺跡で出土したりしている（正林護『日本の古代遺跡四二　長崎県』保育社、一九八九年）。したがって、彼杵・高来両郡を通って、宇土半島に達する駅路の起源は、火の国内の交通路が反映されたものといえるだろう。

古代の伝路

駅路と伝路

駅制と伝馬制

ここまで、古代の官道について、もっぱら駅路を取り上げてきた。しかし、「駅伝」という言葉があるように、律令国家の交通制度は、駅制《えきせい》と伝馬制《でんませい》とから成り立っている。駅制が、駅家《うまや》に置かれた駅馬を乗り継いでいくシステムであるのにたいし、伝馬制は、郡家に置かれた伝馬を乗り継いでいくものである。

そもそも文献史学においては、駅制の研究にたいして、伝馬制の研究は非常に遅れていた。たとえば、昭和三年（一九二八）に至文堂から出版された坂本太郎氏の『上代駅制の研究』は、古代交通史をはじめて体系的に論じた名著といえようが、書名からもうかがえるように伝馬制についてはふれるところが少ないのである。これは、古代の資料に伝馬制について記すこと自体がわずかであることによるが、実はそのこと自体に意味があるのであり、これについては後でのべることにする。

このように、伝馬制の研究は立ち遅れていたが、一九七〇年代終わりから、八〇年代半ばころにかけて、柳雄太郎・佐々木虔一・原秀三郎・大日方克己各氏など文献史学の研究者から、あいついで律令国家の交通体系は、駅制と伝馬制の二重構造になっていることが指摘された。すなわち、その主旨は、駅制は律令国家が新たに採用した中央集権的な交通制度であるのにたいし、伝馬制は地方豪族の固有の交通制度を再編成したものであるという解釈である。

とくに原氏は、駿河国において、具体的に駅馬の道と伝馬の道について考察した（「古代駿河遠江両国の東海道」『静岡県歴史の道調査報告書―東海道―』静岡県教育委員会、一九八〇年）。その結果、現在東名高速道路が通る日本坂を駅馬の道が越えていたのにたいし、国道一号線が通る宇津谷《うつのや》峠を伝馬の道が越えていたとした。すなわち、駅制と伝馬制は空間的に考えても二重構造をなしていたのであり、原氏の考察は、歴史地理学の分野に一歩踏み込んだものといえる。

そこで、歴史地理学の木下氏は、これを受けて、伝馬の道を「伝路《でんろ》」と名づけた（「近年における古代道研究の成果と課題」『人文地理』四〇―四、一九八八年）。ただし佐々木氏は、『続日本紀《しよくにほんぎ》』神護景雲二年条にみえる「郡伝路」という言葉を、郡家間を結ぶ道路とみなしていた（「律令駅伝制の再検討―伝馬制の本質について―」竹内理三先生喜寿記念論文集刊行会編『律令制と古代社会』東京堂出版、一九八四年）。

木下氏と筆者は、原氏の問題提起を受けるかたちで、伝路の復原を開始した。木下氏は、考古学によって発掘された幅六メートル程度の道路のなかで、郡家の想定地を指向するものを伝路に比定した。また、神奈川県綾瀬市清水から藤沢市立石にかけて、約八・五キロを直線に通る道路痕跡を、相模国高座・鎌倉両郡家を結ぶ伝路に当てた（「古代交通研究上の諸問題」『古代交通研究』創刊号、一九九二年）。筆者も、後述するように、下野国芳賀郡家想定地、塩屋郡家想定地付近を通る直線的な道路痕跡を、それぞれ伝路に比定した（「下野国の古代伝路について」『交通史研究』三〇、一九九三年）。これらは、最終的には発掘調査をおこなわないと断定できないが、伝路のなかには、駅路と同様、直線的な道路形態をもったものが存在することを示したことになる。

また、『延喜式』においては、伝馬が置かれている郡は、駅路沿いの郡が多くなっているので、それ以前に、駅路と伝路の統合がなされている場合が多いと考えられるが、木下氏は武蔵および相模国で、筆者は下野国において、伝路のルートに駅路のルートが吸収されるようなかたちで、統合がおこなわれたとした。

そして、『延喜式』段階においても、駅路と伝路がなお別ルートをとる場合があることは、すでに原氏が駿河国において指摘していたが、筆者は下野国において、木下氏は筑後国において、そのようなケースが存在することをのべた（木下良「古代の交通体系」『岩波講座　日本通史』第五巻・古代四、岩波書店、一九九五年）。

伝馬制と伝制

以上のように、歴史地理学による伝路の復原が開始されたが、文献史学の分野においては永田英明氏が、従来の伝馬制についての考え方に大きく修正をせまる論文を提出した（「律令国家における伝馬制の機能」『交通史研究』二八、一九九二年）。永田氏によれば、伝馬の利用証にあたる伝符《でんぷ》は、都と大宰府にしか置かれていないので、伝馬制は原則として、中央政府の使者のための制度であることになる。それまでは、青木和夫氏がのべるように、伝馬制は、中央と地方を結ぶ以外に、部内巡行や国府と郡家の連絡といった国司の部内支配にも使われていたとみられていた（青木和夫「古代の交通」豊田武・児玉幸多編『交通史』山川出版社、一九七〇年）が、国府には原則として伝符は置かれていないのであるから、伝馬制はあくまで中央から地方へ下向するための制度に限定されることになる。そして永田氏は、郡稲《ぐんとう》・正税帳《しょうぜいちょう》等に見える「伝使」という言葉は、これまで「伝馬利用者」と同義とされてきたが、そのなかには、実際には伝符を発給されない、すなわち伝馬を利用できない使者が少なからずふくまれているとした。

そこで、木下氏はこれを受けて、伝路の定義を修正した。すなわち、当初は、伝馬が通る道を伝路としていたのを、伝使が通る道を伝路としたのである（「日本の古代道路―駅路と伝路の変遷を中心に―」『古代文化』四七―四、一九九五年）。

また、市大樹氏は、『続日本紀』神護景雲二年条について、佐々木虔一氏のように「郡伝路／遠」と切るのは不自然であり、「郡伝／路遠」とすべきであるとした（「律令国家交通体系における駅路と伝路」『史学雑誌』一〇五―三、一九九六年）。したがって、「伝路」という言葉そのものが、史料用語としては存在しなくなり、学術用語となったのである。

さて、馬場基氏は、それまで駅制と伝馬制の二重構造として考えられてきた律令国家の交通制度を、駅制・伝馬制・伝制の三重構造としてとらえなおした（「駅と伝と伝馬の構造」『史学雑誌』一〇五―三、一九九六年）。馬場氏はまず「伝馬」と「伝」を切り離して考え、郡家を中心とした交通制度を伝制とした。具体的には、伝とは、旅行者にたいする夫馬・食糧の供給などのサービスや、郡家間の文書の逓送《ていそう》までも含んだ、きわめて広いそして雑多な内容をもつものである。

それにたいして伝馬は、その利用証である伝符が、中央と大宰府のみに置かれていたことからうかがえるように、中央政府によって強力な一元的管理がなされていた。伝馬は伝の一部ではあるが、こうした点で伝の全体的な傾向とは著しくその様相を異にする。したがって、伝は郡に付随した広汎な交通機能であり、伝馬は伝の一部に踏み込んで律令国家が把握した部分と考えられる。

以上のような馬場氏の考察により、永田氏が指摘した伝馬を利用できない伝使の存在などが、きわめてすっきりと説明できるようになったといえよう。

伝馬路と伝路

文献史学の方から、古代の交通制度が、駅制・伝馬制・伝制の三重構造になっていたという提起を受けて、歴史地理学の中村太一氏は、古代の官道を、それぞれに対応する三種類の道路に分類した。すなわち、駅路・伝馬路・伝路である（「常陸国真壁郡の古代官道」『筑波山陰真壁周辺の古道―往還の今と昔―』真壁町歴史民俗資料館、一九九七年）。そして中村氏は、『出雲国風土記』の各郡末尾に「通道」とあるのが伝路にあたり、巻末に「道度」とあるのが伝馬路、「駅路」とあるのが駅路にあたるというぐあいに、『風土記』自体が、道路を三重構造として描きわけていることを指摘した。

ところで、『延喜式』における伝馬の設置状況を検討すると、伝馬路は、一部複線的な部分もあるとはいえ、ほぼ中央からそれぞれの地方へ単線状に連なる。しかし、当初からそのような、あるいはそれに近い状況であったかは明確でない。すなわち、『律令』には、「其れ伝馬は郡ごとに各五」とあり、これが全郡設置を前提としたものなのか、特定郡のみの設置を前提としたものなのか、判断の決め手にはならないからである。

この問題について、断定的なことをいうことはできないが、いちおう筆者は、つぎの三点から全郡設置の可能性が高いと考えている。

①青木和夫氏が指摘するように、天平期の郡稲《ぐんとう》・正税帳《しょうぜいちょう》のなかに、『延喜式』では、伝馬が置かれていない地域での伝馬売買記事が見えること（青木前掲論文）。青木氏は具体的な郡名をあげていないが、たとえば天平四年度の「越前国郡稲帳」には、大野郡に、伝馬の売買記事があり、この段階で伝馬が設置されていたことがわかる。同郡は、『延喜式』において伝馬が置かれていないが、永井肇氏が指摘するように、駅路の通らない山間部の郡である（「越前国郡稲帳　天平四年度」林陸朗・鈴木靖民編『復元天平諸国正税帳』現代思潮社、一九八五年）。このようなところにも伝馬が置かれていたと

いうことから、全郡設置の可能性がある。
②先述したように、中村氏は『出雲国風土記』に「道度」とみえるものを伝馬路とした。「道度」の記載のなかには、出雲国のすべての郡家の名がみえる。『延喜式』において出雲国に伝馬は置かれていなかったが、本来は全郡に設置されていたと考えることができる。
③『続日本紀』養老四年（七二〇）三月条に「按察使《あぜち》京に向ひ、及《また》、属国《しょくこく》を巡り行く日は伝に乗り食《じき》を給ふ」とあり、この後に伝符についての記述がつづくことから、この場合の伝は、伝馬のことを指すと考えられる。按察使の職掌は、管内諸国の行政監察にあるので、全郡に伝馬が置かれていた方が好都合であろう。ただし、按察使の設置は、養老三年以降である。
以上のような点から筆者は、伝馬は本来、機械的に全郡に五匹ずつ設置された可能性が高いと考える。

伝馬制の変質　しかし、実態としての伝馬利用者は、「新任之司」が圧倒的に多く、したがって中央から地方へ一本の線のように連なる特定の伝馬路がよく利用され、その他の郡家に設置されていた伝馬は、あまり使用される機会がなかったのではないかと想像される。

大日方克己氏は、延暦二一年（八〇二）の官符に見えるように、延暦一一年に伝馬はいったん廃止されたが、『日本後紀』延暦二四年四月五日条に、「土佐国をして、駅路を帯する郡に伝馬五匹を加へ置かしむ。新開の路、山谷峻深なるを以てなり」との記事がみえるので、延暦二一年から二四年の間に、伝馬が再置されたとしている（「律令国家の交通制度の構造―逓送・供給をめぐって―」『日本史研究』二六九、一九八五年）。そして伝馬は再設置された際に、原則として駅路に沿う郡に置かれ、これが『延喜式』にみる伝馬の設置状況につながるであろうとするものである。

また足利健亮氏は、『日本紀略』延暦一四年（七九五）閏七月一七日条の「駅路を廃す」の記事について、全国的措置の可能性を示唆したことがある（「八世紀の南海道とその周辺」『讃岐国山田郡田図の世界―古代弘福寺領田図調査シンポジウム―追加資料』高松市教育委員会、一九九三年）。さらに大山誠一氏は、『日本後紀』延暦一五年八月二六日条にみえる、諸国の地図を新たに作らせ、郡国郷邑・駅道遠近・名山大川の形体広狭を、漏れることなくつぶさに録することを命じた勅について、平安京に遷ったばかりの政府が、駅路の合理的再編成を意図してのことであろうと解している（「古代駅制の構造と変遷」『史学雑誌』八五―

四、一九七六年)。

このように文献によって推測される平安時代はじめの駅路や伝路の変化は、考古学の成果ともよく対応するものである。すなわち、八世紀代の幅九～一二メートル程度の直線的な想定駅路は、八世紀末ごろで廃絶してルートを変更して、幅六メートル程度の道路になったり、同じ場所で幅六メートル程度に狭まったりするケースが多いのである。たとえば、ルートが変更になって道幅が狭まった例としては、肥前国の佐賀平野を通る八世紀代の幅八～一一メートル程度の駅路が、九世紀代には幅約六メートルに狭まって、南に条里二里分移動したケースや、上野国において、牛堀・矢ノ原ラインと仮称される八世紀代の幅約一三メートルの駅路が、九世紀後半以降には、幅約六メートルに狭まって、より国府に近いルートに変更になった例などをあげることができる。また同一地点で、八世紀代から九世紀代にかけて道幅が狭まった例としては、石川県津幡町の加茂遺跡で、北陸道が約九メートルから六メートル、大阪府高槻市で発掘された山陽道が一〇～一三メートルから五～六メートルに、それぞれ縮小されたケースなどをあげることができる。

一方、発掘調査によって検出された道路のうち、伝路に比定されるような遺構は、幅六メートル程度のものが多い。したがって、九世紀以降の駅路の道幅は、伝路なみになったといえるだろう。中村氏は、このような変化以前の駅路を「前期駅路」、以後の駅路を「後期駅路」と名づけている（『日本古代国家と計画道路』吉川弘文館、一九九六年）。

おそらく、律令国家による直線的大道敷設の契機の一つは、中村氏が指摘するように、遣隋使が隋の計画道路をみたと推測されることにさかのぼると考えられる。隋の煬帝《ようだい》は大土木工事を営み、とくに大運河の開削で知られるが、道路についても「御道」と呼ぶ幅一〇〇歩（約一四〇メートル）の大道を敷設しているのである。そして、天智朝にいたると、全国のかなりの地域に、駅路がはりめぐらされたと考えられるが、当時は対外的な緊張関係が高まった時期なので、大量の軍隊を迅速に移動させることを想定して、道幅も九～一二メートルと広くとったのであろう。

しかし、外国との戦争は起こらず、実際に使ってみると広すぎて、維持管理もかえって大変で、平安時代に入ると、伝路なみの六メートルに縮小したのではないだろうか。これは、日本人の文化の受け入れ方に共通するパターンであり、最初は外国の文化をそっくりそのまま素直に受け入れ、やがて自分たちの身の丈に合った内容につくり変えていくのである。

そもそも駅路は、目的地と目的地を直線的に結ぶため、人跡のまれな地を通ることも多く、それを維持していくのは困難なことであっただろう。また駅家も、原則的には、そういった駅路に、一定の間隔で機械的に設置するため、それを支える駅家郷も自然発生的な集落ではなく、人工的な集落であり、駅子の浮浪逃亡も絶えなかったと想像される。それにたいして伝路のルートは、郡家と郡家を結ぶものであり、郡家はある程度大化前代からの地域中心地に置かれたとみられるので、本来自然発生的な地方道を若干整備して成立していたと考えられる。したがって、九世紀はじめごろの駅路と伝路の統合の際には、維持しにくい駅路のルートよりも、多少軍事的な意味合いはレベルダウンしても、維持しやすい伝路のルートを、新しい駅路のルートとして選んだ場合もあったと考えられる。このような過程で、新しい駅路の道幅は、伝路なみの六メートル程度になったのであろう。

それでは以下、伝路復原の実例をいくつかみていくことにしたい。

伝路の復原

下野国の伝路

下野国の伝路については、筆者は論考を発表したことがあるので、ここではその要旨を述べることにする（「下野国の古代伝路について」『交通史研究』三〇、一九九三年）。『延喜式』兵部省諸国駅伝馬条によれば、下野国には、安蘇・都賀・芳賀・塩屋・那須の諸郡に五匹ずつの伝馬を置いている。このうち、安蘇・都賀・那須郡家は、駅路にほぼ沿っていた可能性が高いので、これらの地域では、駅路と伝路とは、同じ道であったと考えられる。それにたいし、芳賀郡家は、真岡市京泉の堂法田遺跡に比定されるので、駅路から東に大きく外れることになり、ここを通る伝路を考える必要がある。一方、塩屋郡家の所在地は不明であるが、同郡で現在のところ、唯一知られている瓦の出土地である矢板市片岡の堀込《ほっこめ》遺跡付近にあったとすれば、やはりここでも駅路と伝路は、別ルートであったことになる。

　まず、芳賀郡家を通る伝路についてであるが、鬼怒川左岸付近から、堂法田遺跡（図30A）方面へ向かう直線道が、小字集成図（図31）や空中写真（図32）に認められ、これが伝路に比定される。駅路との分岐点については、河内郡家の可能性が高い多功《たこう》遺跡付近が考えられるが、鬼怒川以西についての痕跡は一切不明である。以東については、図30のB—Cにかけては南寄りに、C—Dにかけては北寄りに弧を描くが、D点から東は、芳賀郡寺に比定される大内廃寺（E）までは、ほぼ一直線に進み（F—G、H—I）、大内廃寺の北約五〇〇メートルに堂法田遺跡（A）が

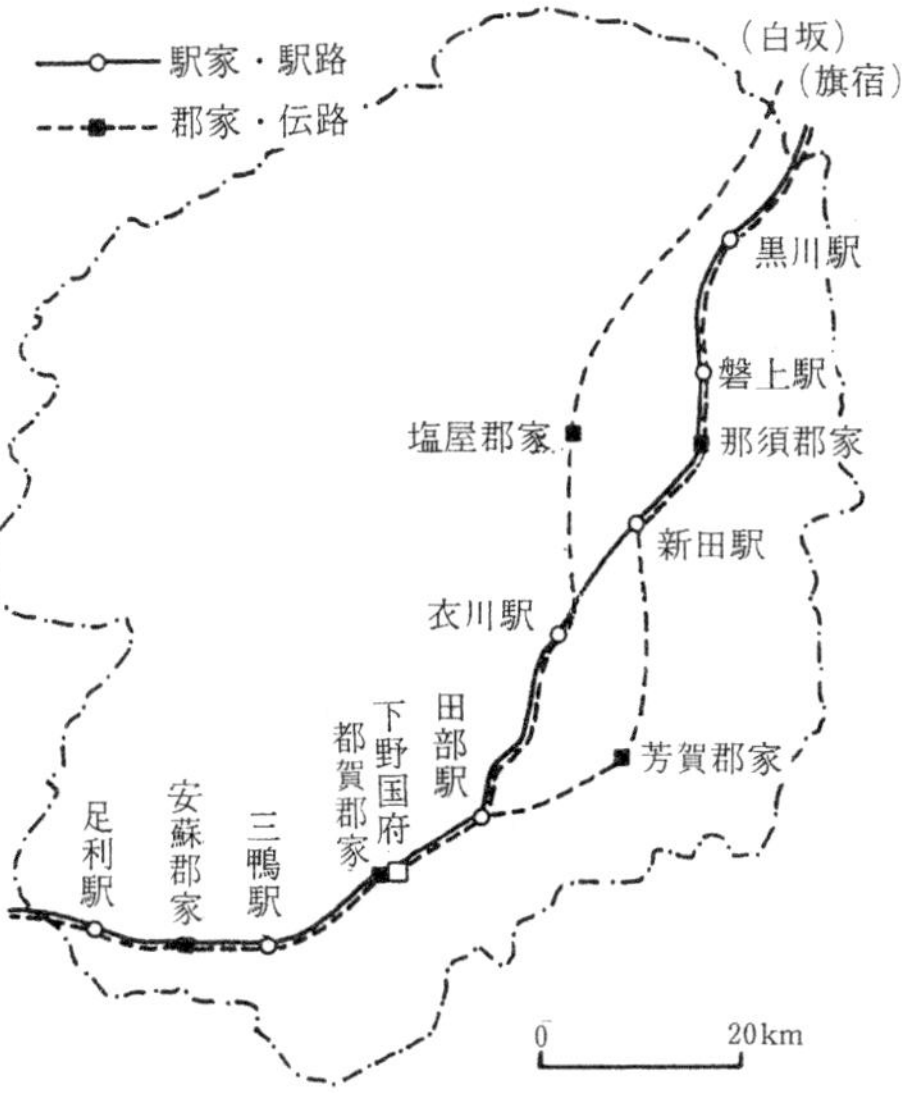

図29　下野国の駅路と伝路

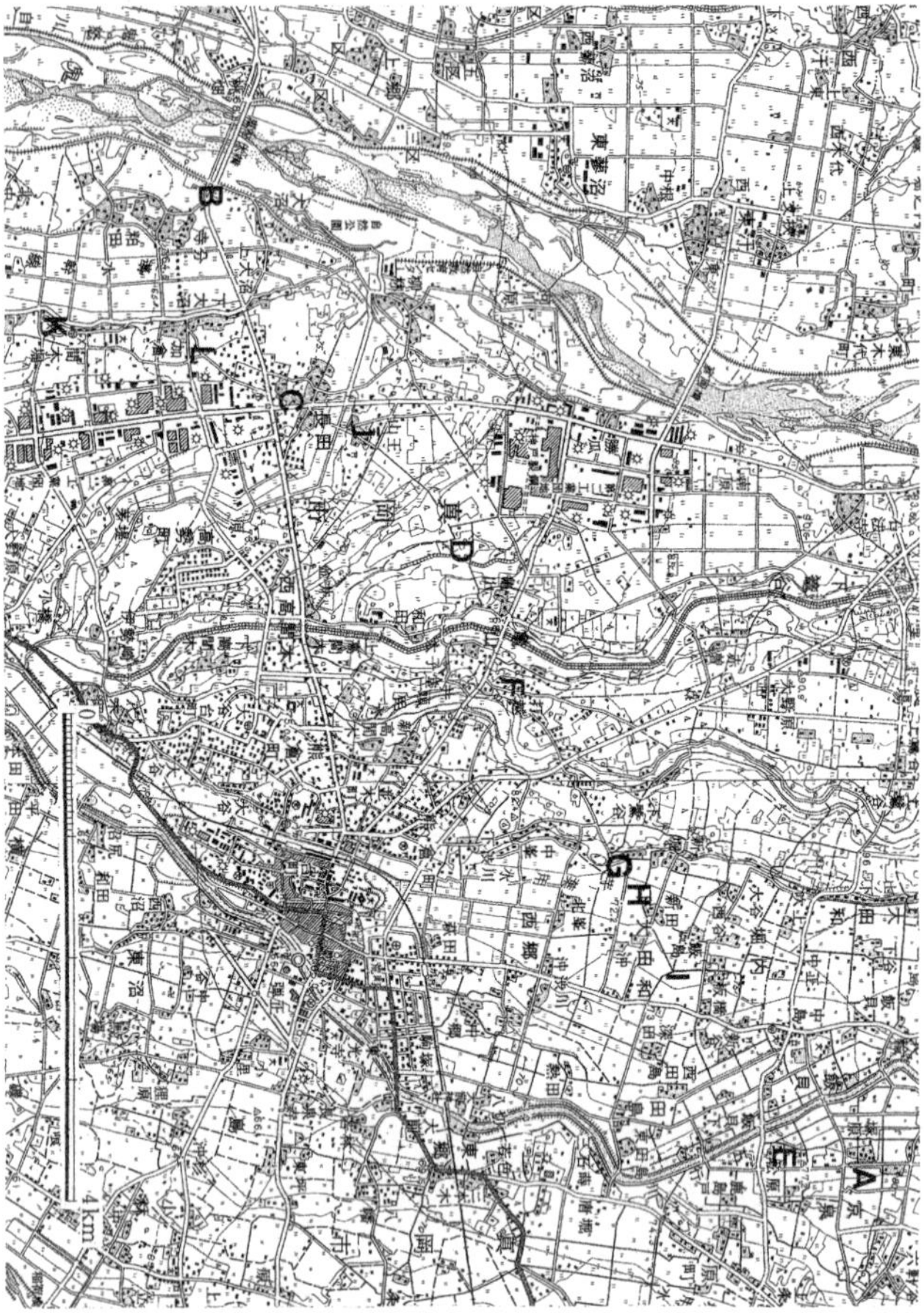

図30　芳賀郡家付近の想定伝路（1/5万地形図「壬生」「真岡」より）

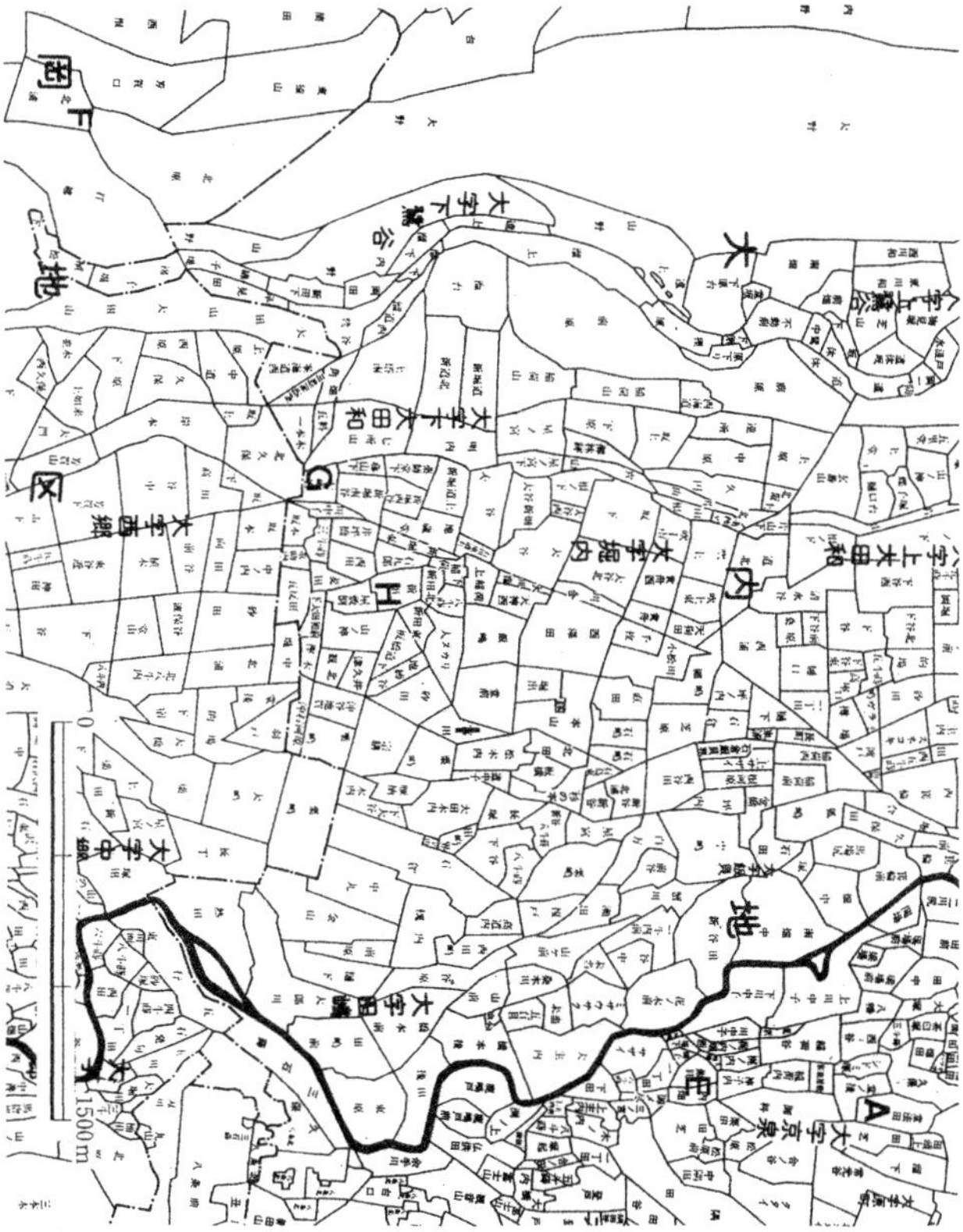

図31　小字集成図に見る想定伝路（『真岡市史　第5巻』「真岡市小字集成図」より）

図32　空中写真に見る想定伝路（アメリカ軍1948年撮影，R1297-46より）

位置することになる。その先は、地元で「タツ街道」と呼んでいる台地の尾根部を通る道を北上して、新田駅付近で、ふたたび駅路と合流していたと考えられる。なお、K点の中村遺跡は、芳賀郡家の正倉別院とみなされ（『栃木県真岡市中村遺跡調査報告書』栃木県教育委員会、一九七九年）、あるいは九世紀代に堂法田から中村へ芳賀郡家が移転したとする解釈（高井悌三郎「北関東の古代官衙跡」『仏教芸術』一二四、一九七九年）もあるが、いずれにせよ中村遺跡の位置も、先に示した想定伝路の南に近接する。

一方、塩屋郡家を通る伝路については、いま堀込遺跡（図33M）付近を塩屋郡家に仮定してのべると、駅路の鬼怒川渡河点付近で駅路と分かれて北上し、堀込遺跡に達していたと推測されるが、その間の痕跡については明瞭ではない。堀込遺跡以北は、部分的に直線的な現在道（N—O、P—Q、R—S）が存在するが、とくにP—Q道は、箒《ほうき》川の渡河点付近に位置して、坂上田村麻呂の宿営伝承にちなむ独立丘「将軍塚」（T）を、北からの目標物にしているらしいことが注目される。S点以北の具体的なルートについては不明であるが、その走行方向からみて、近世の奥州街道の経路をとって、白坂から陸奥国へ入った可能性があり、その場合は、旗宿《はたじゆく》が駅路、白坂が伝路だったことになる。

なお、平成七年（一九九五）に、宇都宮市の飛山《とびやま》城跡で「烽家」と記された九世紀代の

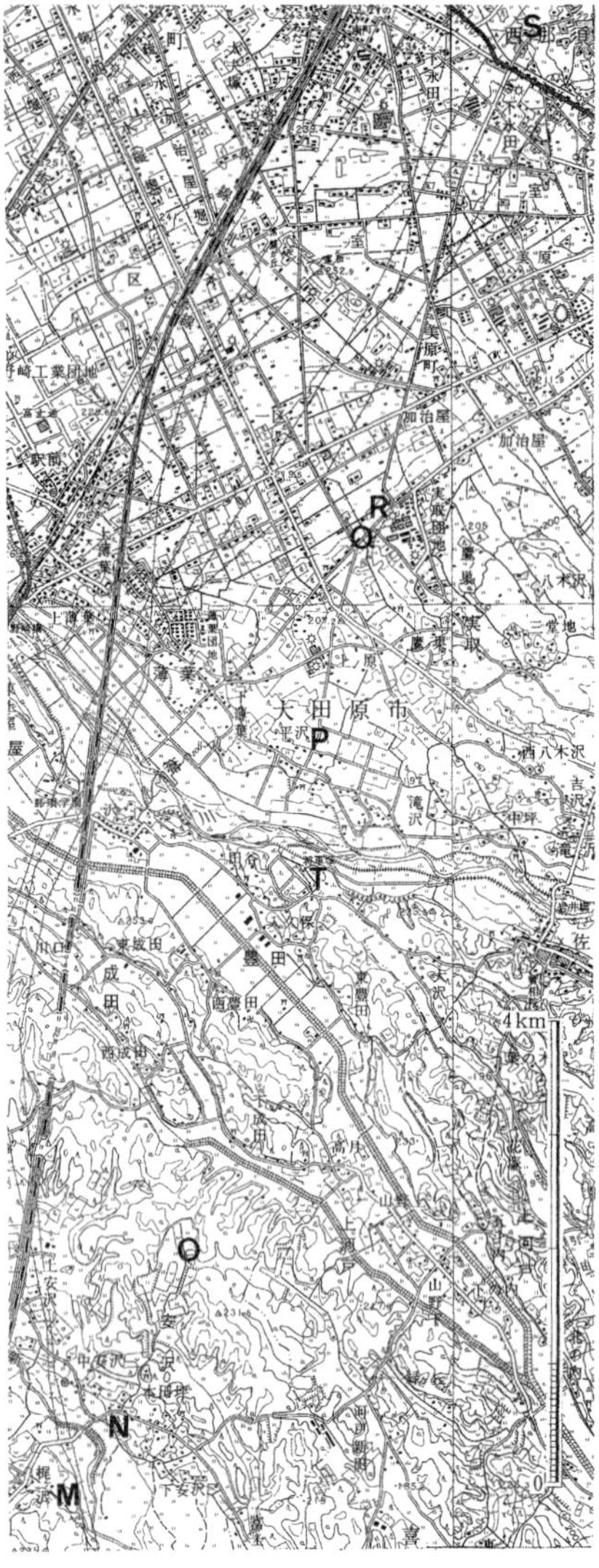

図33　塩屋郡家付近の想定伝路（五万分の一地形図「矢板」「塩原」「喜連川」「大田原」より）

墨書土器が見つかったことから、ここに古代の烽《とぶひ》があったことが確実になったが、峰岸純夫氏は、飛山城から北の烽の地点について、図34のように、矢板市片岡（②）・西那須野町西富山（③）、那須町富岡（④）を想定している（「中世の飛山城跡—その呼称と烽跡との関連」シンポジウム「古代国家とのろし」宇都宮市実行委員会・平川南・鈴木靖民編『烽の道』

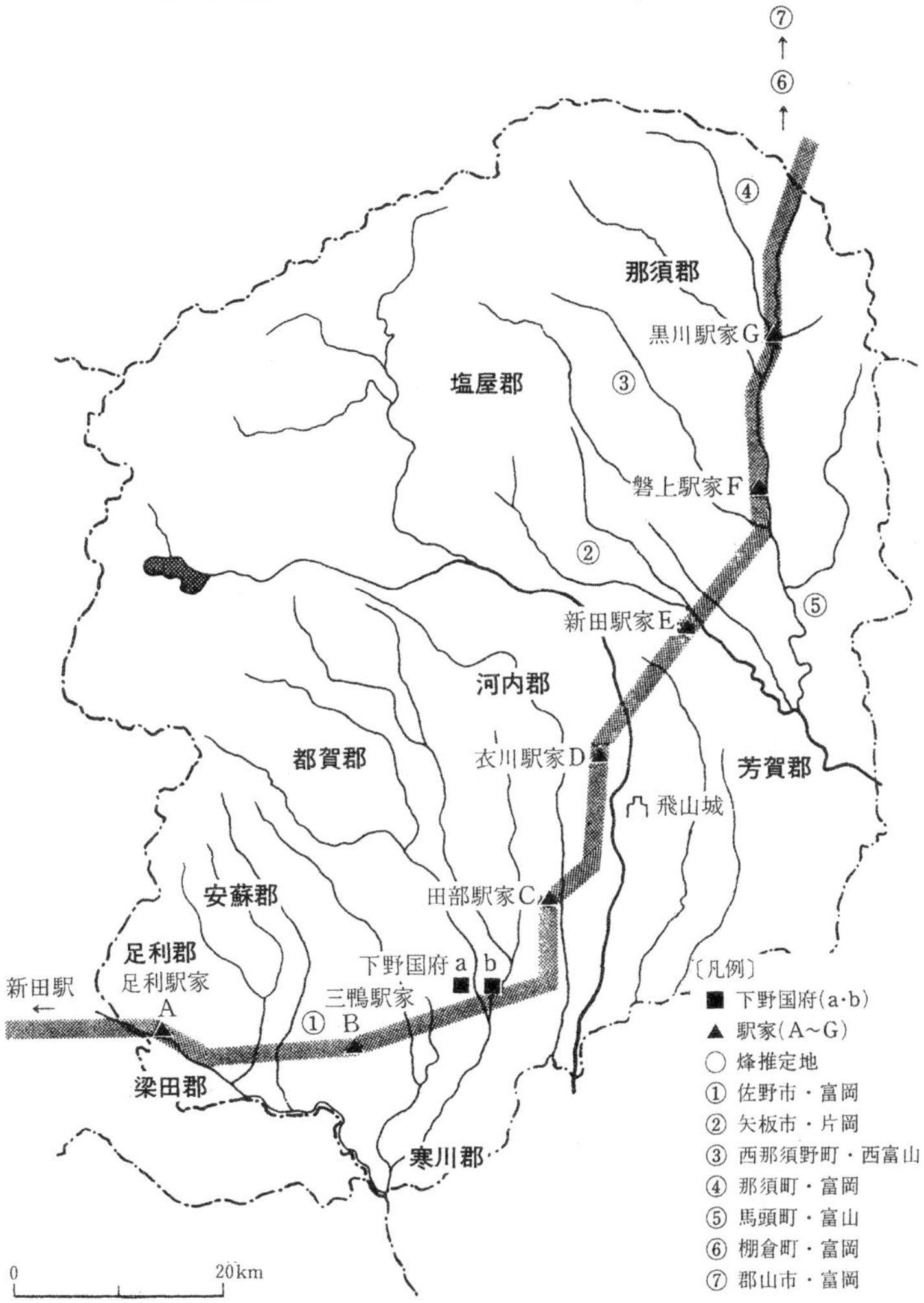

図34　峰岸純夫氏による下野国の烽想定地
（シンポジウム「古代国家とのろし」宇都宮市実行委員会・平川南・鈴木靖民編『烽の道』青木書店，1997年，86頁より）

青木書店、一九九七年)。これは、ほぼ筆者の塩屋郡家を通る想定伝路のルートに沿うもので、とくに峰岸氏が飛山城から北へ約二〇キロの烽を想定した片岡の水源井のある丘陵に、先述した堀込遺跡が位置するのである。したがって、峰岸氏の想定が正しければ、この場合、伝路のルートと烽の位置との間に密接な関係がうかがわれよう。

那須郡家と伝路

伝馬五匹を置く那須郡家については、発掘調査の結果、小川町小川の梅曽《うめそ》遺跡に比定されるので、ほぼ駅路に沿っていることになる。これは『延喜式』段階の状況であるが、はたしてそれ以前においても同様であったろうか。図35に見るように、新田駅から黒川駅にかけての『延喜式』駅路は、東寄りに大きく迂回することになる。それにたいし、新田駅・黒川駅間を直線的に結ぶ「関街道」と称する古道が存在するが、この関街道のルートこそが本来の駅路であって、式内社三和神社や那須郡家・那須国造碑など、地域の中心地を結ぶ『延喜式』駅路は、もともとは伝路だったのではないかと推測される。それが全国的な駅伝の整理統合の時期とみなされる九世紀のはじめごろ、この地域においても駅伝が一本化された際、それまでの伝路のルートの方が駅路をも兼ねるようになったのではないだろうか。磐上駅の駅戸集落の可能性が高い小松原遺跡の中心時期が九世紀中葉以降とされるのも、あるいはこのことと関係するかもしれず、その場合、本来の磐上駅を関街道ルート上に求める必要がある。

ところで、湯津上村蛭田に「秀衡《ひでひら》街道」と呼ばれる、幅一八メートル程度の周囲より一段低くなった耕地がつづいている箇所がある。平成八年（一九九六）に発掘調査がおこなわれ、上幅約六・五メートル、深さ約一・二メートルの溝状の遺構が検出された。中層にローム土を舗装状に敷きつめていることや、底面付近から古墳時代後期の土器が出土したことから、古代の道路状遺構である可能性が高い（長谷川操「『秀衡街道跡』を一部発掘」『那須文化研究』一一、一九九七年）。その東方への延長は、おおよそ那須郡家を指向していると考えられるので、

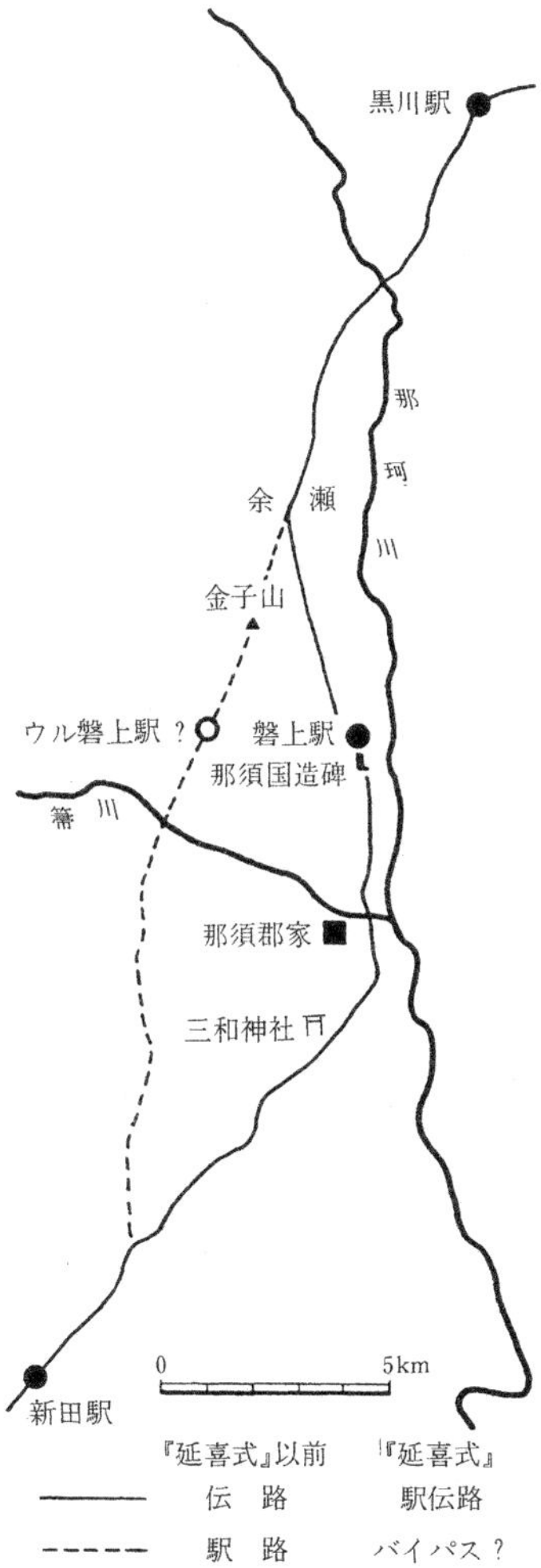

図35　那須郡付近の駅路・伝路概念図

これが『延喜式』以前の駅路と伝路の連絡路であったとすると、その西方への延長と駅路との接点付近に、ウル磐上駅をもってくるのも一案であろう。ここから北は、金子山の頂上部へ向けて、大田原市と湯津上村の境界線となっている直線道があり、黒羽町余瀬《よぜ》付近で伝路と合流したとみなされる。

以上のような、下野国の事例からつぎのことがいえよう。

①『延喜式』段階においても、なお駅路とは別ルートをとる伝路が存在する場合がある。

②伝路には、駅路と同様に、直線的な形態をとる場合があり、したがって、歴史地理学的手法（空中写真や字界図等の検討）によって、その復原が可能な場合がある。

③駅路と伝路の統合がおこなわれる際、維持しやすい伝路のルートが、駅伝路として選ばれる場合がある。

もっとも、これらは考古学の発掘によって確認されたわけではなく、また③は、推測によるところが大きいが、いちおう右のように考えておきたい。

上総国長柄郡家へ向かう想定伝路

千葉市浜野町から中西町と、市原市古市場から菊間にかけての地域において、下総国と上総国の間の国境が、約二・五キロにわたって、直線的に走っている（図36C—D）（佐々木虔一「古代の国堺としての山河と交通路―房総地方を中心として―」『千葉県史研究』六、一九九八年）。この国境は、近世の茂原街道にあたるが、E点の古市場遺跡において、街道の真下から、側溝間の心々距離約六メートルの道路状遺構が検出された（大谷弘幸「茂原街道に隣接した溝跡について」『研究連絡誌』三八、一九九三年）。大谷弘幸氏は、この道路の性格について、千葉市付近に想定される下総国河曲駅から市原市大厩《おおまや》（F）に比定される上総国大前駅へ向かう駅路の可能性

図36　千葉市・市原市付近の想定駅路と伝路
（1/5万地形図「千葉」より）

を指摘している。しかし、大谷氏自身ものべるように、C―D道を駅路とすると、迂回路となる点が疑問である。むしろ、G―H―I道が、直線的でほとんどが大字界でもあり、駅路として適当であろう。ところで、茂原街道の通過地点である長柄《ながら》町国府里《こおり》は、その地名から、長柄郡家の有力な候補地であるといえる。したがって、C―D道は、六メートルという道幅から考えても、駅路ではなく伝路に比定できるのではないだろうか。

もし、そうであるとすれば、先に駅路が国境となっている例として、筑後・肥前国境や下野・下総国境をあげたが、ここでは伝路が国境の役割を果たしていることになる。また同様に、先に駅路が条里地割の基準線となった例をみてきたが、大谷氏によれば、C―D道は、市原条里の北限にあたり、坪界線とも一致するので、伝路が条里地割の基準線になったと考えられる。

武蔵国嘉美郡家付近の想定伝路

埼玉県本庄市と上里町の境界線は、一部約一・五キロにわたって、東北から西南の方向に、一直線に通っている（図37J―K）。その東北の端には、標高六六・五メートルの三角点があって、この付近を目標として、線が引かれている可能性がある。また西南部分は、開発により消滅しているが、迅速図や空中写真の検討によれば、さらに五〇〇メートル程度L点付近までは直線状にのびていたことが

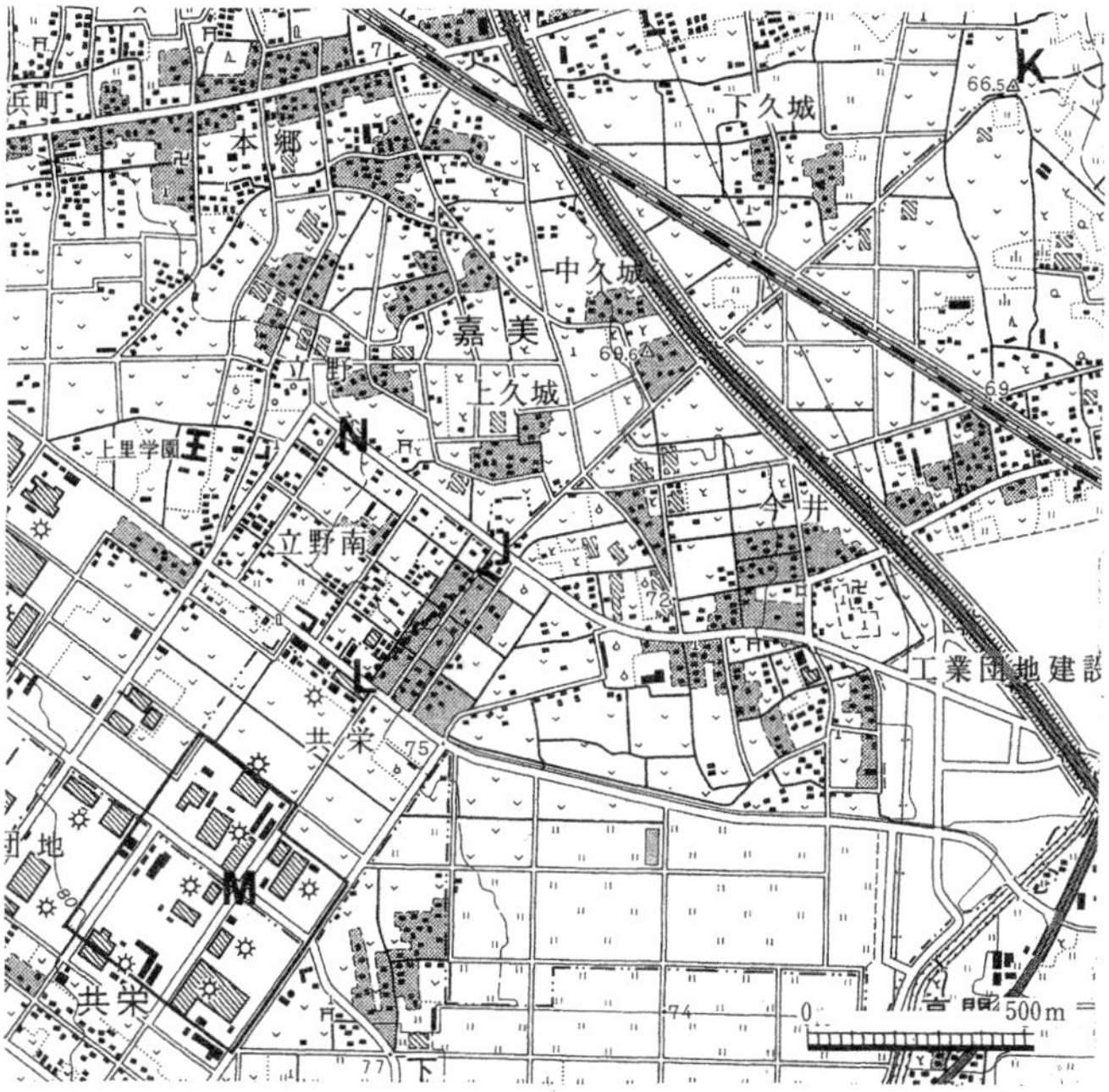

図37　嘉美郡家想定地付近の想定伝路
（1/2.5万地形図「本庄」より）

確認される。その延長線上には、竪穴住居跡一八〇軒、掘立柱建物跡一〇〇棟や、一〇〇点以上の墨書土器を出土した将監塚・古井戸遺跡（M）（『将監塚・古井戸』I、埼玉県埋蔵文化財調査事業団、一九八六年。『将監塚・古井戸』II、埼玉県埋蔵文化財調査事業団、一九八八年）が位置する。

なお、J—K道は、近世においては、山王堂河岸街道と呼ばれ、賀美《かみ》郡と児玉郡の郡界でもあった。そして、本庄市域では、久城水《ぐじょうみず》と呼ばれる洪水が、一〇年に一度くらいの割合で発生するが、その水源の主要な場所が、J—Kラインの北側一帯で、地下から湧き出た水は、J—Kラインに沿って掘られた久城堀を流れて、本庄市街付近へ向かう。このことからも、J—Kラインがきわめて重要な意味をもっていたことがうかがえるのである。

ところで、J点の今井遺跡群において、このラインの下から、このラインと同じ方位で、平行する三本の溝が検出された（『立野南・八幡太神南・熊野太神南・今井遺跡群・一丁田・川越田・梅沢』埼玉県埋蔵文化財調査事業団、一九八五年）。それぞれの溝の形状が異なる点は問題があるが、これらを道路の側溝とみなすことはできないであろうか。溝7を西側溝とし、溝6を東側溝とすれば、道路幅は側溝の心々距離で約六メートル、溝5を東側溝とすれば、約九メートルとなる。溝7の覆土からは、国分期の土器が出土している。

さて、賀美郡家の位置については不明であるが、田中広明氏は、大型の区画溝や柵列、掘立柱建物跡などによって構成され、暗文土器や大甕などが出土した八幡太神南遺跡(N)を、評家の関連遺跡の一つとして考え、同遺跡の所在地が大字「嘉美」であることや、臨接して「立野」(館野か?)という地名が存在することからも、この付近に郡家の存在を考えている(『上里町中堀遺跡』第一分冊、埼玉県埋蔵文化財調査事業団、一九九七年)。この見解が正しいとすれば、J—K道は、伝路の可能性がある。K点から先については、おおよそ東にのびて、近世の中山道のルートとT字路をなしていたのではないだろうか。鳥羽政之氏は、中山道は、古代の伝路を踏襲した道ではないかとし(「律令期集落の成立と変貌(上)—北武蔵の七、八世紀の事例を中心として—」『土曜考古』二二、一九九八年)、たとえばこれに沿って、榛沢《はんざわ》郡家に比定される中宿遺跡が存在する。

もっとも、嘉美の地名は、明治七年(一八七四)に久城村と立野村が合併してできたものであり、また郡寺の可能性が高い五明廃寺(『埼玉県古代寺院調査報告書』埼玉県県民部県史編さん室、一九八二年)付近には、式内社や古墳・条里もあって、こちらの方に郡家が存在した可能性もある。その場合、J—K道は、伝路とはいいがたいであろうが、なお古代の地方主要道であるとみなすことはできよう。

阿波国板野郡家付近の想定伝路

木原克司・岡田啓子両氏は、徳島県の吉野川下流域において条里地割の復原をおこない、五本の余剰帯《よじょうたい》を検出し、そのうち三本を伝路に比定した（「古代吉野川下流域の条里と交通路」『鳴門教育大学研究紀要（人文・社会科学編）』一三、一九九八年）。

まず伝路Aと称するものは、幅約一〇メートルの余剰帯である。木原・岡田両氏の復原は、石井町以東のものであるが、ほぼその西への延長線上の土成町に、板野郡家に比定される郡《こおり》地名が存在するので、伝路とみなしてよいであろう。おそらくその延長は、阿波・美馬・三好各郡家を連ねて、伊予国に達していたと推測される。ところで、伝路Aについてとくに興味深いことは、木原・岡田両氏の比定によれば、この想定伝路が、天平勝宝（七四九～七五七）から天平宝字（七五七～七六五）ごろの成立とされる「阿波国名方郡大豆処図」（正倉院宝物）のなかに、板野郡と名方郡の境の道として描かれていることで、直線伝路が郡界となっている例を明瞭に示すことになる。

つぎに伝路Bとするものは、国府想定地の北方から、吉野川の右岸を西に直進するもので、やはり幅約一〇メートルの余剰帯として認められる。名方郡家は、徳島市観音寺の小字「かうげ」が有力な候補地で（木下良「国府と条里、再考―米倉二郎説を批判して―」『条里制研究』五、一九八九年）、伝路Bは麻植《おえ》郡方面をめざすので、名方・麻植両郡を結ぶ伝路としての位置づけが可能であろう。

以上のような伝路の余剰帯の存在については、谷重豊季氏が、出雲国の島根・秋鹿両郡を結ぶ想定伝路において、若干指摘したことがあった（「『出雲風土記』の道路―おもに駅路以外の道路の概観―」『出雲古代史研究』三、一九九三年）が、これだけ広範囲に明瞭な余剰帯を検出したのは、木原・岡田両氏の研究がはじめてである。

ところで、矢田勝氏は、静岡県の静清平野において、駅路の北二里を、里界線に沿って駅路に並行する「古北街道」を、安倍・庵原《いおはら》郡家を結ぶ伝路に比定した（矢田前掲論文）。この場合、駅路には幅約一五メートルの余剰帯が存在するのにたいし、伝路には余剰帯が認められないことと、伝路が里界線になっていることから、矢田氏は、広域条里の施工後、直線伝路が施工されたとしている。このように、伝路が条里地域が通る際にも、余剰帯が存在する場合と、存在しない場合があるようである。

なお、木原・岡田氏の検討によれば、吉野川の右岸と左岸の条里地割は連続するので、それらと伝路A・Bの設定は、すべて最初から計画的におこなわれたことになろう。

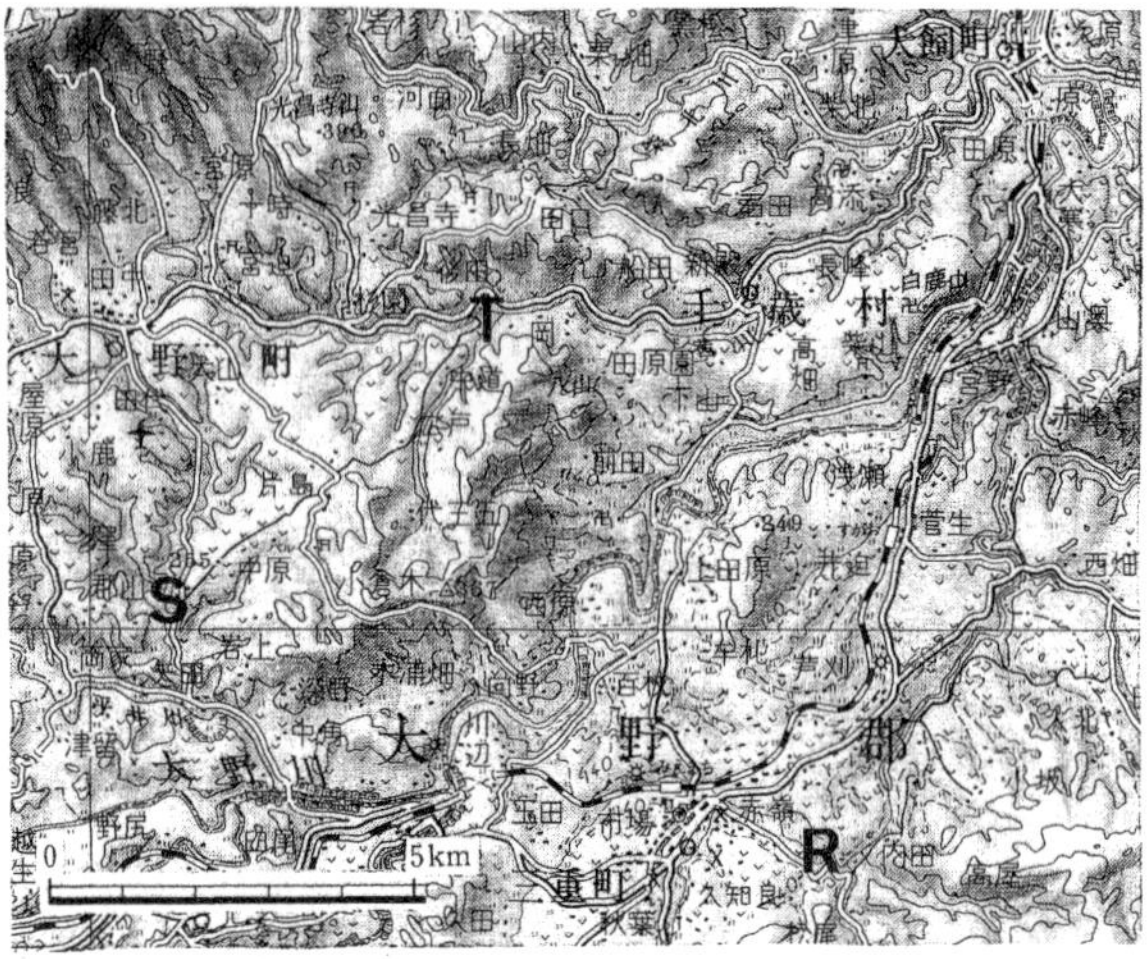

図38　豊後国大野郡家付近の想定伝路
(1/20万地勢図「大分」より)

西海道の伝路

西海道諸国の場合、『延喜式』では、駅家に伝馬を置くケースがほとんどであるが、豊後国の場合は、依然として郡に伝馬を置いているのが特徴である。大野郡は、伝馬五匹を設置しており、郡家にあたるような遺跡は確認されていないが、地名から三重町赤嶺の小字「郡田」「郡田脇」(図38R)(戸祭由美夫「豊後国」、藤岡謙二郎編『古代日本の交通路Ⅳ』大明堂、一九七九年)と、大野町郡山(S)が候補地としてあげられる。前者の場合は、三重駅の想定地に近いので、駅路と伝路は同じルートだったことになるが、後者の場合は、直入駅と三重駅を結ぶ想定駅路

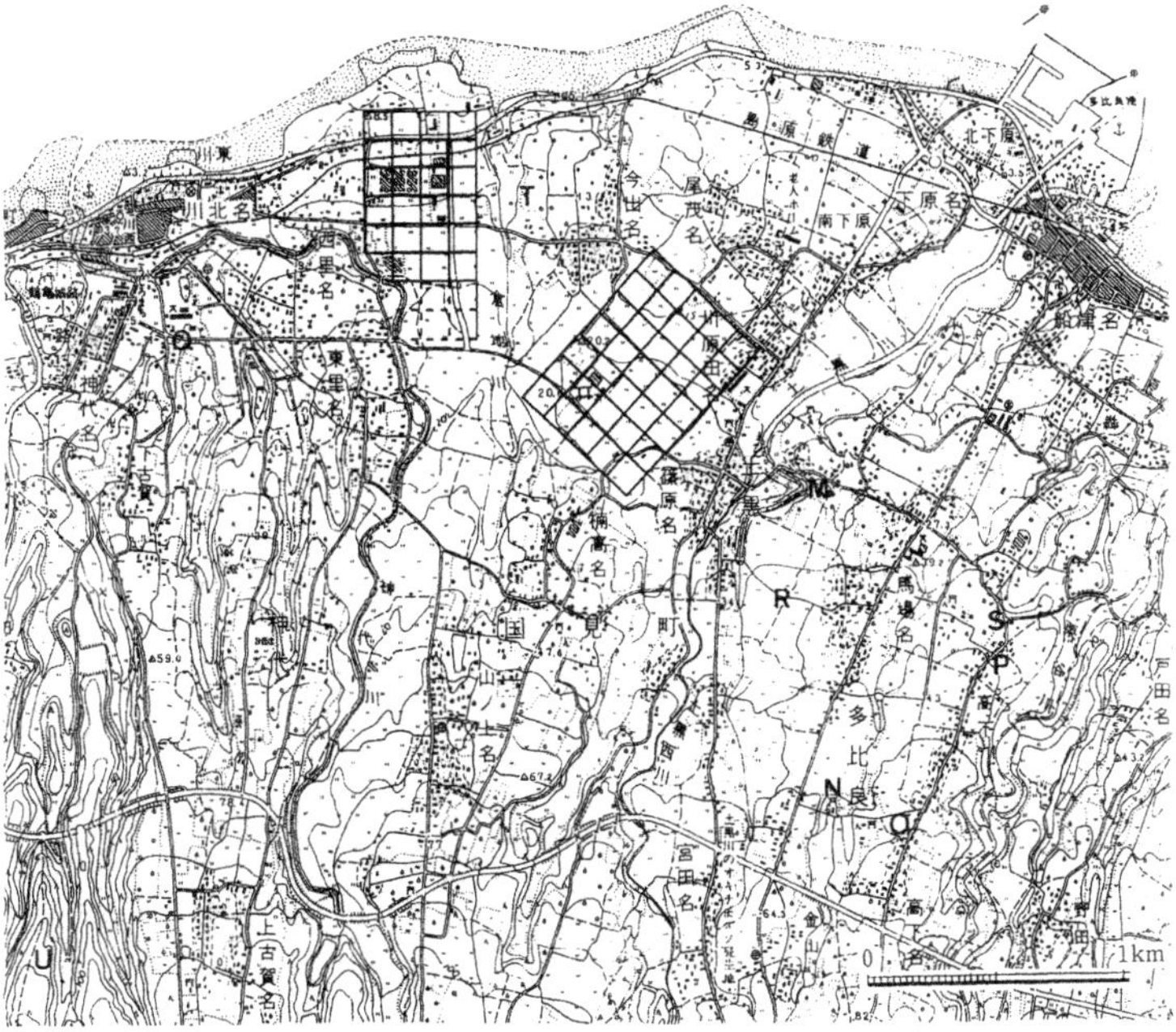

図39　肥前国高来郡家付近の想定伝路と神代（西）・土黒（東）条里
（『原始・古代の長崎県　通史編』長崎県教育委員会，1998年，582頁より）

のやや北側になる。ここから、東北方向へ走る直線的な現在道（S—T）があり、約五キロで肥後街道に合流し、これを東へ行くと犬飼町に抜けることができる。したがって、直入駅から三重駅をへて、丹生駅へ向かう想定駅路が大野川の右岸を進むのにたいし、伝路は三重駅をへないで、大野川西方の台地上を進んでいた可能性がある。

もっとも、郡地名が二ヵ所にあることから、郡家の移転なども考慮する必要があり、駅路のルートにも不確定な要素が大きいので、さらなる検討が必要である。

つぎに、肥前国高来《たかく》郡の郡家については、長崎県国見町多比良の高下《こうげ》がその遺称と考えられている。また、図39O点の五万長者遺跡では、前章でのべたように、八世紀前半ごろの瓦を出土し、高来郡の郡寺に比定されている。ところで、郡家想定地の西北には、方位を異にする神代《こうじろ》条里と土黒《ひじくろ》条里が展開しているが、それぞれの条里と方位を同じくするQ—R道は近世の島原街道で、古代の伝路を踏襲した道だった可能性がある（木本雅康「国府と郡家」『原始・古代の長崎県』通史編、長崎県教育委員会、一九九八年）。その場合、伝路が条里地割の基準線になったとみることができよう。なお、土黒条里の内部を想定伝路が通ることになるが、余剰帯は検出できなかった。

駅路と伝路のイメージをつかむためには、駅路を高速道路、伝路を一般国道にたとえるのがわかりやすいようである。事実、原秀三郎氏による駿河国の東海道の復原では、東名高速道路が通る日本坂が駅路のルートで、国道一号線が通る宇津谷峠が伝路のルートになっていた。

伝路研究の意義

これまでの官道研究は、駅路一本で考えられてきたが、伝路を視野に入れることによって立体化し、新たな研究段階に入ったといえよう。すなわち、駅路のルートについて二つの説があった場合、片方を駅路、片方を伝路にみなすことによって、空間的な広がりや柔軟性が出てきた。また、駅路のルートは、七世紀の後半に忽然《こつぜん》とあらわれ、一〇世紀のはじめに姿を消し、あまり後世につづかない傾向があるのにたいし、伝路のルートは、ある程度大化前代の交通路を反映し、中世・近世の主要道に継続されていく傾向がある。したがって、研究が遅れている大化前代の交通路解明の手がかりとなるであろうし、中世以降の時代の研究者との連係プレーも期待できるのである。すなわち、時間的な厚みも出てきたのである。

古代律令国家と道路——エピローグ

日本の古代道とローマ道

常識をくつがえす道路の実態

これまでみてきたように、日本の古代律令国家は、同じく中央集権的な体制をとるローマや中国・インカと同様に、国内に直線的な大道をはりめぐらした。それらは同時に、さまざまな地域計画の基準線としても機能し、また道路に沿って多様な施設を配置した。

主として、歴史地理学や考古学の進展によって明らかにされた、右のような道路の実態は、それまでの常識を大きくくつがえすものであった。たとえば、文献史学の松尾光氏は、この事実から律令国家の思いもかけぬほどの強さを感じたという（「律令国家の成立と『道』」『古代日本史最前線』文芸春秋、一九九三年）。松尾氏の学生時代からの関心事は「律令国家の成立の意味」を模索することだった。松尾氏は、日本の律令国家は中国社会の外観を真似しただけで、基本的には上は旧来の中央豪族連合型の社会を、下は在地の旧習・旧制を色濃く残しており、律令国家の力は「所詮《しょせん》見せかけの似非《えせ》中国型国家であって、その力はそう大きく評価できない」と考えた。そして、律令制度と現実の社会との齟齬《そご》のなかに、中国律令の導入・改変の裏側に、日本の古代社会の原像を探ろうとする方向をとってもきた。このような理解は、松尾氏一人のみならず、ある程度、日本の古代史学界に共通する考え方といえよう。

その例として、松尾氏は、官吏の位置づけの問題をあげている。律令体制下での官吏登用の原則は、あくまでも個人の能力によるべきであり、「代々の名門」「譜代《ふだい》の家」などという門地へのこだわりは、排除すべきものである。しかし現実には、貴族層では「大学」制度を軽視し、試験によって出世する道など事実上閉ざしていた。その一方で中国の「蔭《おん》位《い》」制を極端に拡大し、高級官吏の子は代々貴族階級にとどまれるようにした。このように、日本の律令国家は、中国式の扮装《ふんそう》はしたが、日本固有の社会状況を温存したまま推移したと考えられてきたのである。

ところが、日本の古代に、幅九〜一二メートル程度あるような直線的な大道が存在することが判明し、松尾氏はこのことについて、つぎのようにのべている。

> それにしても、造成後も駅使は往来せず、使うにはあまりに非常識な道路幅を維持することに、積極的な反発はともあれ消極的な反発はされてよいはず。それをこえ、おそらくは雑徭《ぞうよう》を駆使し、しかもそれ以前の道を度外視して新たに全国に七道を通しぬいた強制力。だれにとってもあまりに無用に感ぜられ、当然にも労役に従事する者、維持に携わる人々にも納得されないことを、郡司など土地の有力者たちの反発をも押さえて実行し通す力を律令国家がもっていたことに驚きを覚えたのである。この駅路建設は、律令国家が急速に集権化されて強力な指導・支配力を作り上げた結果といえる。大化改新以来の政治改革を通して律令国家の培《つちか》った力は、「筆者の思っていたニュアンス」よりはるかに力強く、社会を大きく変えていたのだろう。

文献史学者の素直な驚きが伝わってくる文章である。ただ、たしかに常識はくつがえされたが、それでは、ローマや中国の古代道とまったく同じように考えてよいだろうか。

日本の古代道とローマ道との相違点

やはり、ここで〈比較〉ということの重要性が浮かび上がってくる。

物事には、似ているところもあるが、異なっているところもある。

本書では、日本の古代道とローマ道との共通点についてもっぱらのべてきた。そして、それは単なる道路そのものの形態のみではなく、十字街と、デクマヌスとカルドの交点や、条里とケントゥリア、立石とマイルストンにまで驚くべき類似性を有している。

しかし、〈比較〉するに際しては、共通点をみつけるだけでなく、相違点をみつけることも大切である。その観点から日本の古代道とローマ道の相違点に注目したのが中村太一氏である（中村前掲書）。

中村氏はとくに、ローマ道の下部構造の路盤の強固性をあげる。それは、地盤を深く掘り下げ、その壁を楔石と縁石で仕切ったうえで、砕石・粘土・砂利などを種類別に何層にも充塡《じゅうてん》して固めたものであった。その材料にはコンクリートさえ使用され、全体の厚さは一メートルにもおよぶものがあった。それにたいし、日本の場合は、一部砂利を敷いたところもあるが、ほとんどは土を踏み固めた程度であり、工事量には大きな相違がある。

また、ローマ道には、盛土道《アッゲル》という道路築造法がある。これは、路面排水のために石組みなどによって、周囲の地表面より道路面を高く構築したものである。盛土道は、ローマ道においては一般的な工法であるが、日本古代の盛土道は、基本的に低湿地以外にはみられない。これもまた、工事量に大きな差異を生じるであろう。

さらに、恒久的な橋梁がどの程度造られているかという点においても、ローマと日本とでは異なる。ローマ時代の石造橋は、今日まで残存して、なかには自動車が通行しているものもあるのにたいし、日本の古代の橋は木造で、中村氏は、全国的には架橋されていない河川が多かったのではないかとしている。そして、ローマ道には、山間部、とくに断崖部を通過するために「岩道」というものを構築している。これは、断崖をL字状、あるいはコの字状に切って、水平面を作り出して道をつけたものである。この場合、車両が崖から転落しないように、凹状の軌道を刻んでいるのが特徴である。それにたいし中村氏は、日本の古代道路は峠道などあまり整備されておらず、山間部と平地部や丘陵部とではギャップが大きいとしている。

車の利用

以上のように、一見直線的な大道として共通点が多いように感じられるローマ道と日本の古代道も、視点を変えれば、下部構造や盛土道、橋や岩道などにおいて、多くの相違点が見出される。そして中村氏は、これらの相違を生じる根底には、車の使用の問題があるとする。すなわち、下部構造の強化は、車の重量に対応するもので、盛土道は路面の排水をよくして車を通りやすくする。橋や岩道の整備も車の通行と密接にかかわっている。

ところで、日本の古代において、車がどの程度使用されていたかという問題であるが、従来は都とその周辺以外では、あまり使われていなかったという見解が一般的であった。これにたいし、木下良氏は西日本各地に分布する「車路」地名が、ほとんど例外なく古代道の遺称とされることから、地方でも車は積極的に使われていたとした（「『車路』考―西海道における古代官道の復原に関して―」藤岡謙二郎先生退官記念事業会編『歴史地理研究と都市研究』上、大明堂、一九七八年）。そして『公式令《くしきりよう》』の車の行程が「日に卅《さんじゆう》里」と規定され、駅間距離と一致するので、駅家が車の中継基地としての役割も果たしていたのではないかと推測している（「古代交通研究上の諸問題」『古代交通研究』創刊号、一九九二年）。また高橋美久二氏も、都の外でも、古代には意外に車社会であったとしている（高橋前掲書）。

これに対して中村太一氏は、先にローマ道との相違点としてあげた日本の古代官道の特質――踏分道的な峠道や渡河点における道路交通の断絶など――から、西海道における

「車路」を含めて日本の車利用は局地的なものであり、全国的な車の交通はあまり考慮されていないとする。そして「日本古代計画道路は、一見壮大な交通路の様相を呈しているものの、道路交通の実用性の向上を目指したものとしては、その実態がチグハグであることが特異な性格として浮び上がってくるのである」とのべている。右の中村氏の考えの当否はしばらく措《お》くとして、それではそういった実用性以外の道路の役割について、どのように考えたらよいだろうか。

古代道路と律令国家

古代道路の象徴性

松原弘宣氏は、調庸物を都に運ぶ際、律令国家が、便利なはずの舟運や車運を等閑視して、陸路・人担方式を採用したのは、調庸物の納入対象が在地の首長層ではなく律令国家であることを明確化するためとしている（『日本古代水上交通史の研究』吉川弘文館、一九八五年）。武田佐知子氏はこれを承けて、直線的に都までつづいている大道が、国家対公民、とくに地方農民の支配・非支配の図式についての認識を抱かせる舞台装置になっているとのべる（「古代における道と国家」『ヒストリア』一二五、一九八九年）。すなわち、自らの背に負い、あるいは馬の背に乗せた調庸物の重量感と同時に、その足に都への道程を実感しながら、彼らと国家との不可分の結びつき、調庸の民としての逃れられない宿命を、実感として認識させることになったとする。

武田氏の象徴論的な見方にたいし、中村氏は記号論的なアプローチを試みる（中村前掲書）。中村氏は、駅路の敷設が、律令国家がいちおうの完成をみた八世紀のはじめにおこなわれたのではなく、七世紀後半という国家の形成期におこなわれたことに注目する。そして、千田稔氏が提起したマンダラパターン（『古代日本の歴史地理学的研究』岩波書店、一九九一年）を承けて、律令国家の空間・領域のシンタグム（連辞。語の連鎖あるいは連続によって成り立つ〈文〉に相当するもの）について、S（区画性）を国境、V（中心性）を都城、O（方向性）を計画道路とした。律令国家は、まず従来の日本には存在しなかった都城（V）をたちあげるが、その求心力を十分に発揮させるため、在来交通路との隔絶性を可視的に表現する計画道路（O）を必要とする。また、国境（S）についても、交通路が境界設定と密接な関係をもっていることを指摘している。そして、武田氏の見解については、おもに時期的な問題から、都城の中心性を生産・指示し「中央」と「地方」の不可分性を具現化するものとして計画道路が建設され、それを補完・強調する意図もふくめて、調庸物運京の人担方式が採用されたものととらえ直している。

以上のような武田氏や中村氏の見方は、これまで実用性という観点からのみ考察されてきた古代道路の特質について、象徴的なアプローチを試みたことで興味深い。象徴論と記号論とは区別されるべきものであるが、ここでは中村氏の記号論によって導き出された解釈も、広い意味での象徴論として扱う。

ファサードとしての道路

ところで、このような象徴論的アプローチについては、すでに千田稔氏が都城（宮都）にたいして試みたものである（『宮都の風光』角川書店、一九九〇年）。千田氏は、なぜ八世紀代の日本においては、同時代の中国に存在しない遷都という行為が、莫大な財政と労働力を投入して、何度もおこなわれたかということを問題にした。そして、インドネシアのバリ島におけるヌガラの祭儀を検討した、文化人類学者C・ギアーツの〈劇場国家論〉を援用することによって、遷都は、何かの政治目的のためにおこなわれるのではなく、それ自体が一種の演劇であって、都を常に新しく蘇らせて造ること自体に意味があるとした。すなわち、日本の都城のオリジナルは中国にあり、それに類似するものを日本という土地に造ること自体に、日本のアイデンティティの表現がある。したがって、都城は旧態依然のものであってはならず、つねに新しく造り変え、造りつつあることによって、国家としての精神的な安定感をも獲得できたとする。

そして、唐の都長安が、白楽天の詩に「断岸の如し」とうたわれた壮大な羅城《らじょう》で囲まれているのにたいし、日本の都城には、城壁のような堅固な羅城が存在しないことについて、日本の場合は島国で、外敵の侵入を受けにくく、シンボリックなものでことたりていたのであろうとする。このような日本の都城の特徴を、千田氏は〈正面性《ファサード》〉という言葉で表現している。すなわち、人目につくところを整えるという意味で、たとえば平城京の場合、朱雀大路の周辺をことさら華美にしたてあげ、形式的な面に力点を置こうとしている。

この考えを駅家にあてはめれば、武田氏が指摘するように、蕃客の通行を前提に、山陽道の駅館が「瓦葺粉壁」に改められたのは、一種の〈正面性〉といいえようし、また中村氏が指摘する「在来交通路との隔絶性を可視的に表現する計画道路」の構築の結果とも重なってくるであろう。

そして中村氏は、九世紀に入ると、駅路の路線が変化したり、幅員が九〜一二メートルから六メートル程度に縮小したりする現象について、都城の求心力が強化されたり、法と制度による支配の確立が達成されたことによって、道路が実用的なものに変化していったとする。やや冗談めくが、九世紀以前に九〜一二メートル程度あった駅路の幅員のうち、実用的な部分は六メートル程度で、残りの三〜六メートルは、象徴的なものであったといえるかもしれない。

古代道路の実態

以上みてきたような古代道路についての象徴的な解釈には問題がないわけではない。たとえば、近年森哲也氏は、律令制下の調庸物京進が陸路・人担方式でおこなわれるという原則自体が、史料的根拠に乏しく成立しがたいとしており（「律令国家と海上交通」『九州史学』一一〇、一九九四年）、そうなると武田氏の説の前提自体が崩れてしまう。しかし、その場合でも、道路の象徴的な意味がまったく消えてしまうことはないであろう。

また、中村氏の解釈も、従来の考え方を否定するあまり、やや極端な感じがするところがある。たとえば中村氏は、日本の古代道路は、ローマ道とは違って、峠道など山間部の整備があまりおこなわれていないとしたが、近年、加賀・越中国境の倶利伽羅《くりから》峠で、古代の北陸道にあたると考えられる幅六〜七メートル程度の掘り込み状の道路が、約四キロにわたって存在していることが確認された（西井龍儀「倶利伽羅峠の古道」『古代交通研究』七、一九九七年）。また、これに先立つ一九九〇年には、原田重和氏が、肥前国の小城・松浦郡界に相当する笹原峠の東側で、古代の西海道にあたると考えられる幅約一〇メートルの切り通し状の道路痕跡が、約一八〇メートルにわたってつづいていることを確認した（木下良「古代官道の軍用的性格―通過地形の考察から―」『社会科学』四七、一九九一年）。

このような事例からみると、中村氏がいうように、峠道があまり整備されていなかったかどうかは、まだ検討の余地がある。もっとも、車が通行できたかどうかはまた別問題であるが、一口に車といっても、ローマの場合は馬車が一般的であるのにたいし、日本の場合は、車の行程を一日三〇里（約一六キロ）とする『公式令』の規定からみて、牛に引かせる輜重《しちょう》車がまず考えられるので、峠の通行が可能な場合もあったのではないかと思われる。

また、橋の問題についても、中村氏は、全国的には架橋されていない河川が多かったのではないかとするが、たとえば『出雲国風土記』には、渡河についての記載がみられる。それによると、たしかに出雲河や神門《かんど》河には橋がなくて、それぞれ渡船一艘を備えているが、飯梨川には長さ三〇丈七尺（九一メートル）・幅二丈六尺（七・七メートル）の野城橋、野代川には長さ六丈（一八メートル）・幅一丈五尺（四・五メートル）の野代橋、来待川には長さ八丈（二四メートル）・幅一丈三尺（三・九メートル）の来待橋がそれぞれ架けられている。以上は、駅路に沿った橋にあたるが、さらに伝馬路に沿った橋にあたるものとして、佐太川には長さ三丈（九メートル）・幅一丈（三メートル）の佐太橋が、伊農《いぬ》川には伊農橋があった。これらを出雲国のみの特殊な状況とみなせるかどうかについては、まだ検討の余地があろう。

また、これは現在の地名なので、古代までさかのぼり得るかどうかは不明であるが、古代の駅路に沿って「唐橋」という地名が存在することが指摘されている（「討論」『古代交通研究』三、一九九四年）。あるいは時代は下るが、『更級《さらしな》日記』には、作者の父菅原孝標《すがわらのたかすえ》の上総介の任期が終わった寛仁四年（一〇二〇）の帰京の旅において、太井川（現在の江戸川）を渡る際にも「船に車かきすへて渡し」たことが記されており、橋のない場合でも、車を船に積んで渡した例が知られる。

さらに中村氏は、日本の古代道路の路盤は単に土などを入れて固めた程度で、道路表面も平坦にすることが意識されたにすぎないものと考え、各地で検出されている波板状凹凸面について、路盤構築ではなく、丸太などを敷いて重量物を輸送した痕跡と考えるのが妥当であろうとしている。しかし、波板状凹凸面のなかには、先述した那須官衙関連遺跡の例のように工具痕が残ることから、人工的に造ったとしか考えられないものも存在する。また道路の構造についても、近年の発掘調査では、路床（相原嘉之「一九九六—九次　川原下ノ茶屋遺跡の調査」『明日香村遺跡調査概報—平成八年度—』明日香村教育委員会、一九九八年）や路面・路肩（吉識雅仁・甲斐昭光「兵庫県和田山町加都遺跡の道路遺構」『古代交通研究』八、一九九八年）に石を敷くなど、以前より多様な例が見つかりつつある。

このようにみてきた場合、中村氏の道路の象徴性を強調する見解には、やや行きすぎの感じがしないわけでもない。しかし、これまでの実用面からのみみる解釈も、もはや成り立ちがたいということもまた確かであろう。

古代道路研究の行方

当初は、日本の古代道路は、ローマ道などとは異質の、狭くて曲がりくねった道と考えられてきた。それが歴史地理学や考古学の進展によって、むしろローマ道などと共通する直線的大道であることが判明した。ところが、道路の下部構造や車の通行の問題などを考えると、ローマ道などとは異なるところが多く、実用のみでない象徴的解釈が生まれた。しかしその解釈も、最近の歴史地理学的調査や考古学の発掘調査によると、やや行きすぎているような部分も感じられる。

あたかも、古代道路に関する研究は、時計の振り子を見ているかのようである。われわれはできるだけ、その振れを小さくすることを試みなければならない。この問題についての今後のポイントは、やはり伝路をどう位置づけるかということが大きいであろう。ここで筆者は、見通しをのべることしかできないが、おそらく古代の交通において実体を握っているのは、駅路よりむしろ伝路であると思われるのである。

あとがき

吉川弘文館の編集部から、思いがけず本書執筆の依頼を受けたのは、四年前のことだった。以前書いた雑文が眼にとまったらしい。正直言ってうれしかったが、何分こちらは、まだ専門書の一冊もまとめていない若輩の身、昔はよく専門書を出す前に一般書を出すと、先生からこっぴどく叱られたなどという話を聞いていたので、思わずどうしようかと考えた。そこで、おそるおそる普段お世話になっている二、三の先生方に相談したところ、せっかくの機会だから是非がんばりなさいという温かい励ましの言葉をいただいたのである。

そこで、ありがたくお引き受けしたものの、私自身の非才と多忙のため、今日まで脱稿が遅れ、すっかりご迷惑をおかけしてしまった。また、編集部から本書の構成や内容について、種々的確なアドバイスをいただき、図版など面倒な作業が多い本書の製作を、細やかにこなしていただいた。

なお、これまで古代道路のみを、テーマ別に扱った一般書がなかったことも、本書執筆の一つの動機であったが、最近中村太一氏が『日本の古代道路を探す――律令国家のアウトバーン――』（平凡社新書）を公刊された。すでに、拙著も製作中であったため、本書では、中村氏の新著について触れることができなかったが、この点、氏の御海容を願いたい。
最後になってしまったが、恩師木下良先生には、原稿に眼を通していただくなど、大変お世話になった。これまでのご指導とともに、深く感謝申し上げる次第である。

平成十二年八月

木本雅康

著者紹介

一九六四年、富山県に生まれる

一九九三年、国学院大学大学院文学研究科博士課程後期単位取得満期退学

現在、長崎外国語短期大学国際文化学科助教授

主要著書

古代東国の民衆と社会〈共著〉　古代を考える古代道路〈共著〉　神奈川の古代道〈共著〉　図説長崎県の歴史〈共著〉　長崎街道―長崎県歴史の道(長崎街道)調査事業報告書〈共著〉

歴史文化ライブラリー
108

古代の道路事情

二〇〇〇年(平成十二)十二月一日　第一刷発行

著　者　木《き》本《もと》雅《まさ》康《やす》

発行者　林　英　男

発行所　株式会社 吉川弘文館

東京都文京区本郷七丁目二番八号

郵便番号一一三―〇〇三三

電話〇三―三八一三―九一五一〈代表〉

振替口座〇〇一〇〇―五―二四四

印刷＝平文社　製本＝ナショナル製本

装幀＝山崎　登

歴史文化ライブラリー

1996.10

刊行のことば

現今の日本および国際社会は、さまざまな面で大変動の時代を迎えておりますが、近づきつつある二十一世紀は人類史の到達点として、物質的な繁栄のみならず文化や自然・社会環境を謳歌できる平和な社会でなければなりません。しかしながら高度成長・技術革新にともなう急激な変貌は「自己本位な刹那主義」の風潮を生みだし、先人が築いてきた歴史や文化に学ぶ余裕もなく、いまだ明るい人類の将来が展望できていないようにも見えます。このような状況を踏まえ、よりよい二十一世紀社会を築くために、人類誕生から現在に至る「人類の遺産・教訓」としてのあらゆる分野の歴史と文化を「歴史文化ライブラリー」として刊行することといたしました。

小社は、安政四年(一八五七)の創業以来、一貫して歴史学を中心とした専門出版社として書籍を刊行しつづけてまいりました。その経験を生かし、学問成果にもとづいた本叢書を刊行し社会的要請に応えて行きたいと考えております。

現代は、マスメディアが発達した高度情報化社会といわれますが、私どもはあくまでも活字を主体とした出版こそ、ものの本質を考える基礎と信じ、本叢書をとおして社会に訴えてまいりたいと思います。これから生まれでる一冊一冊が、それぞれの読者を知的冒険の旅へと誘い、希望に満ちた人類の未来を構築する糧となれば幸いです。

吉川弘文館

〈オンデマンド版〉
古代の道路事情

歴史文化ライブラリー
108

2017年（平成29）10月1日　発行

著　者　木《き》本《もと》雅《まさ》康《やす》
発行者　吉川道郎
発行所　株式会社 吉川弘文館
〒113-0033　東京都文京区本郷7丁目2番8号
TEL　03-3813-9151〈代表〉
URL　http://www.yoshikawa-k.co.jp/

印刷・製本　大日本印刷株式会社
装　幀　清水良洋・宮崎萌美

木本雅康（1964～）

ISBN978-4-642-75508-5